Feng Shui for Kids and their Parents

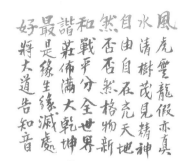

Livre de Feng Shui pour des gosses et leurs parents

By Selina Crystal L. Jan

Illustrated by Frances Li

Outskirts Press, Inc.
Denver, Colorado

Preface

I have studied, researched, and taught Feng Shui for over sixty years, and this year, I'm seventy-six years old. I have yet to see a practical book on Feng Shui written "for children" by a thirteen year old girl born in the US, and her plan is to publish this book in English, French, and Chinese.

The author, Selina Crystal L. Jan, is one of two most obedient and most caring goddaughters to this lone old man, and the other is world class ballet dancer Yuan-Yuan Tan. Since the age of seven, Selina has accompanied her parents to attend my lectures and workshops in places such as Harvard, Yale, MIT, Wellesley, Columbia, and Princeton, and she is now age thirteen. Recently, she attended the lectures of her godmother Khadro Crystal Chu Rinpoche and myself when we were invited to speak at the United Nations SRC Feng Shui Group (August 23-24, 2007), where she listened attentively and took careful notes. Selina is a studious and talented girl with extraordinary wisdom, and her versatility is also exhibited by her status in karate as a second dan black belt. Selina comes from a learned family. Her father, Steven Jan, is himself a renowned feng shui expert whose two books on Black Sect Tantric Buddhist Feng Shui Perspective remain widely popular to this date. Selina's mother, Mai-Lin Jan, is a Senior Vice President at the Citibank headquarters in New York. Mai-Lin is a loving mother, a great wife, and a kind-hearted person filled with compassion and mercy. She has helped her husband and taught her daughter well, and is the most influential person to Selina.

I have carefully perused Selina's book three times, and I have discovered that not only is this book very beneficial to children, but it is also of great value to the parents of young children. The structure of Selina's book follows modern logic. She gets "right to the point" and introduces what is feng shui, then she analyzes the various interesting and valuable types of "chi." Then, using the bagua of the *I-Ching*, she talks about how to determine the trigram position of your room and house. Her explanations are concise, and even clearer, more complete than my own teachings.

Then, the book explains to the readers about the bedroom and the study, such as the texture, color, and rigidity of the wallpaper, the lighting of the room, the shape and size of the room, whether the room has negative beams and columns, and what are the valuable cures if there are problems. The most valuable and most important part is the placement of the desk and the bed, so that children can study well and sleep well, and all the adorable and innocent children will have clear and refreshed minds and good physical and mental health. In fact, if parents also carefully read this book and follow the basic principles of feng shui to place their beds and office desks, they too will receive unexpected benefits for their energy and vitality, and to have good luck in everything they wish for.

In addition to introducing the various kinds and styles of beds, Selina further details the Black Sect Tantric Buddhist Feng Shui Perspective's unshared secret transcendental cures of "Mutually Enhancing and Mutually Destructive Relationships of the Five Elements."

Then, Selina follows her compassionate and loving heart, and talks about how to care for pets, and analyzes the mutually good and bad of the harmonious and destructive relationships of the Twelve Chinese Zodiacs: rat, ox, tiger, hare, dragon, snake, horse, ram, monkey, rooster, dog, and pig. She also details the most secretive of secretive transcendental cures for these problems. Selina ingeniously talks about the various "natural abnormalities" such as the sun and moon in the same sky, the appearance of rainbows, shooting stars, solar halo, lunar halo, and analyzes these profound phenomena using simple language.

From the book we can see that all of nature's splendors play themselves over and over in Selina's mind, such as snow storms, hail, rain, ice frost, earthquakes, volcano eruptions, landslide, tornado, etc. Of course, she does not forget about her beloved pets: cats, dogs, fish, turtles, rabbits, silkworms, hamsters, etc. She even talks about how we should have a pleasant countenance, and how we should sit, rise, lie down, and walk so that we get the best benefits for our bone structure, and to achieve balance, harmony, and strength for our body and mind.

At the end, this compassionate and kind-hearted little imp teaches two of the Black Sect Tantric Buddhists' most secretive of secretive unshared transcendental solutions: "Scooping Fish from the Bottom of the Sea" and "Scooping the Moon from the Sky." Selina even tells the readers that she wishes them good health and happiness. To see Selina, a thirteen year old, having such great ambitions to help the world and making such a great contribution, I am deeply moved and extremely happy to write the preface for her book.

His Holiness Grandmaster Professor Lin-Yun Ph.D.
Supreme leader of Black Sect Tantric Buddhism at Fourth Stage

.

Foreword

My dearest goddaughter Selina Jan has finished writing her new book and I feel extremely delighted and proud of her achievement. Selina is smart and perceptive, and a girl with very strong karmic links to Buddha. Her parents Steve and Mailin are our good friends and fellow disciples. From an early age Selina has accompanied her parents to participate in nearly all the Black Sect Tantric Buddhist activities in New York, Boston, and all over the East Coast, including attending her godfather, His Holiness Grandmaster Lin-Yun's workshops, lectures, feng shui consultations, blessing ceremonies, wedding blessings, birthday celebration banquets, and teacher appreciation banquets. She has also traveled with us around the world to many cities in Europe, Taiwan, Japan, India, Nepal, and the US. She is so young, yet all that she has seen and learned while traveling with her godfather and me is something that many disciples of Grandmaster Lin-Yun can only wish they too had the opportunity to experience. Because of these circumstances, Selina has formed a deep emotional bond with us. In her young mind, taking part in these activities come natural to her, and all of godfather's teachings and admonishments are to be obeyed without question.

Looking at Selina's growth over the years, I am astonished to realize how fast time flies. Now in junior high, Selina has become a young intellectual. She can now better understand her godfather's teachings, and follow his directions by seriously taking notes in his lectures and workshops. In just two years, she has been able to sort out her notes and wrote a book ready for publication. She has taken all that she has learned about Chinese philosophy, feng shui, and folkloric culture, and share them with other children since these are valuable knowledge not taught in schools. Even more precious is the fact that Selina is writing this book in Chinese, English, and French. Her talent in languages shows her extraordinary learning abilities and diligence.

"Feng shui" is an ancient Chinese knowledge with profound wisdom. It studies how our lives are affected by our environment, including the environment in which we live and work. The impact covers all aspects of our lives, including health, career, family, marriage, fame, wealth, offspring, knowledge, helpful people, interpersonal relationships, building construction, building demolition, moving, weddings, and funerals, etc. From this we can see that feng shui has strong ties to our daily lives, and the condition of our feng shui can affect us greatly. What is profound about feng shui is that it provides mundane and transcendental solutions to our problems. In addition to solving problems with bad feng shui and removing the negative effects, we can also use feng shui adjustments and blessings to meet our needs and enhance our well-beings.

The knowledge of "feng shui" had been practiced in Chinese tradition for a few thousand years, so naturally many different approaches and schools of feng shui theories were developed throughout all this time. Since there are different schools, naturally there would be different theories, techniques, tools, applications, and solutions. Of course, the effects would also be quite different. Little Selina Jan's godfather, His Holiness Grandmaster Lin-Yun, is one of the most authoritative feng shui scholar in the world. He has extracted the essence of traditional feng shui theories and fused it with feng shui knowledge he learned from his teachers, with his own original theories, and with modern science to develop the Black Sect Tantric Buddhist Feng Shui School, which is suitable for modern living. Thirty years ago, Grandmaster Lin-Yun began teaching in the US, and was later invited to give lectures and teachings around the world, his footsteps having been all over the five continents. He brought Black Sect Tantric Buddhist Feng Shui to the western world, and attracted great attention and feedback. We must give the highest credit to Grandmaster Lin-Yun for the study of feng shui to be so popular and widely studied in the West as it is now.

Selina's little book on feng shui is written in accordance with Black Sect Tantric Buddhist Feng Shui theories. She first introduces to the readers the "theory of ch'i." "Ch'i" is the true self, and it is a person's life force. A person's ch'i would be influenced by the ch'i of the heaven, ch'i of the earth, ch'i of the nation, ch'i of the society, ch'i of the environment, and the ch'i of others. The core of feng shui studies is the ch'i of the environment, so by adjusting our feng shui, we are adjusting the ch'i of our environment, so that the ch'i of those who live in this environment could be smooth and comfortable, and their luck and health would be enhanced.

Our young author has methodically introduced the Black Sect Tantric Buddhist Bagua, its meanings, its locations in the room, and the "Methods of Minor Adjustments" using the bagua to adjust feng shui. Further, this book teaches children and their parents how to set up good feng shui for the bedroom and study, the pros and cons of different types of beds, the most ideal positions of the bed and desk in a room, how to choose the lighting, wallpaper, and color of a room, and how to resolve the problem of having beams and columns in a room. In the next chapter, she carefully introduces the theory of "ch'i" and how it is used to analyze our "five elements," and the relevant transcendental solutions. Every person possesses the five elements of metal, wood, water, fire, and earth, and each element represents a special feature of our temperament. Adjusting the five elements will enhance a person's balance and harmony. Selina also introduces the symbolic meanings of some pets, the Chinese Twelve Zodiacs, the auspiciousness and negativity of signs of nature, and she also teaches children the four most precious "secretive of secret" transcendental solutions to enhance the effect of their studying. She also teaches that when afraid, children should recite the "Five Thunder Mandra" to summon courage and protect themselves. Lastly, she especially teaches the children treasured secret cures on how to correct their postures and how to grow taller.

At the tender age of 13, Selina has an innocent and child-like heart, and she is able to write about the ancient and profound Chinese feng shui knowledge using adorable and light writing style. This is quite an exceptional achievement. From this we can see that she is a smart and studious girl with high IQ and strong perceptiveness. I hope that those children and parents with the good karma to read this book will follow the methods taught in the book, and will experience unexpected and miraculous effects. This will be the reward for all of Selina's hard work in writing this book, and a comfort to her compassionate aspirations of "sharing the blessed effects of spirituality." To have such an outstanding goddaughter as Selina, I feel both honored and proud, and I am happy to write this foreword for her new book.

Khadro Crystal Chu Rinpoche
Chief Minister of Black Sect Tantric Buddhism at Fourth Stage
CEO of Yun Lin Temple

Acknowledgments

This book is dedicated to my godfather, His Holiness Grandmaster Professor Lin-Yun, the supreme leader of the Black Sect Tantric Buddhism at its fourth stage. His teaching inspired me to write about Feng Shui for kids. My godfather introduced ancient Chinese Feng Shui and Chinese folklore to the Western world, and was the one person largely responsible for making them well-known. My godfather also taught me that Feng Shui and religion are separate. I always thought that in order for me to practice Feng Shui I had to be Buddhist, but that isn't true.

I would also like to dedicate this book to my godmother, Khadro Crystal Chu Rinpoche, who is the chief minister of Black Sect Tantric Buddhism and CEO of Yun Lin Temple. She guided me with this book whenever I was stuck. She's been my godmother ever since I was four, and she is the best godmother anyone can ask for. I am very fortunate to have them both as my godparents to guide me.

Special thanks to auntie Frances Li, who illustrated all the beautiful and cute pictures in the book, and also to Mary Hsu, who translated the prefaces to English, and to my godbrother and godsister, David Lee and Sunny Lin, who helped with the Chinese translation. Also, thanks to Mr. Honecker, who helped me revise my book, and to my French teacher Madame Marie-Jo Francois, who translated the prefaces into French and helped me polish my French writing.

I would also like to thank all my "extended families" in the temple who have cared for and supported me since I was a little baby.

Last but not least, I would like to thank my parents, who also influenced me to write this book. They have provided me with support and guidance through out years.

I am very interested in Feng Shui and its folklore. It explains what scientists can't. After I started learning about Feng Shui, I knew what was bad or good for me. I knew what colors would be good for my walls and where to place my bed.

Many kids don't know what Feng Shui is, nor do they care, but I think that kids should learn about Feng Shui and be able to perform general cures on their own to have happier and more successful lives.

Table of Contents

I. Introduction

Feng Shui

Since the beginning of time, people have used Feng Shui, and they may not have even known it. They used their knowledge and intuition to build a safe and comfortable place for them to live and work. For example, in prehistoric times, cavemen obviously lived in caves, but why? At that time, the cavemen thought that a cave was a good place to live because there were many dangerous animals outside, and living in a cave was the safest place away from the animals. Or maybe at another point in time, mankind thought it was safest to live in trees because there were dangerous things on the land. You may not believe in Feng Shui, but you naturally use it when you clean or rearrange the room. Feng Shui is the Art of Placing. By placing furniture and objects in different directions and corners, you feel more at ease when you're in the room, and by doing this you're helping the Chi, the energy of life, in the room to be smoother and more balanced.

You're probably thinking, "I like to switch up my furniture and rearrange my room from time to time, but so what?" Feng Shui was based on folklore, so why believe it, right? Well, science can supposedly explain everything. But there are still many things scientists cannot explain. For example, there are many theories of how the Earth came to be, but no certain explanation. According to the scientific theory, the Earth was formed when the Sun was surrounded by clouds of dust and gas and the material slowly began to clump together into large and larger pieces, creating planets. But there are still many things that scientists cannot determine. H.H. Grandmaster Professor Lin-Yun's theory is that Chi, the energy of life, created the Earth.

And let's say you just moved, but your room gives you a bad feeling and you don't know what to do. What can science say to help you? Science can't really say anything about it, but Feng Shui can. Feng Shui can help make your room more comfortable and take away that bad feeling with cures. I'm not talking medicine cures; I'm talking transcendental cures.

Before we get started on learning about the cures (and more), I have to show you about the type of Feng Shui you are going to learn. You are going to learn about the Black Sect Tantric Buddhism (BTB) Feng Shui, which my godfather, H.H. Grandmaster Professor Lin- Yun, founded. This type of Feng Shui is different because it does not use compasses and maps like the traditional schools do. BTB Feng Shui is a more modern Feng Shui that includes the new technology of science and medicine, but it also has spirituality in it. You also have to know that although you will learn cures to help you, you still have to work hard to earn what you want. With that in mind, let's get started on learning about BTB Feng Shui!

People's Chi

Chi is the energy of life, and there are many different types of chi such as heaven, earth, environmental, country, society, human, and even your pet's chi. Religion focuses on belief. Religion is about gods, such as Buddha, God, Jesus, Hashem, Virgin Mary, Allah, etc., but Feng Shui focuses on chi, not religion.

People also have chi. It makes your brain think hard during a math test, makes you run at your fastest in a race, and makes you eat when you're hungry. Everyone has a different type of chi, and there are many kinds of chi. Chi gives people their personalities. You can tell a lot about a person just by knowing what type of chi he or she has. What's so important about having the right chi? Well, in order to have a full and balanced life, you first need to have a balanced chi.

Now let's learn about different types of Chi. Some chi aren't that great, so H.H. Grandmaster Lin-Yun has taught some easy transcendental cures that can help you achieve a better chi.

Balanced Chi: Just by the sound of it, you should know that this is the best chi to have. The chi is abundant in the four limbs so people can move and react. The chi is also abundant in the brain so they think fast and sharply. The chi is flowing smoothly so all the organs in the body are functioning well. The body is smooth and healthy. Everything is going smoothly for them physically and mentally. These people are also happy and optimistic. They are nice to everyone around them, and since the chi is abundant everywhere in their bodies, they always do the right thing. These people are happy and healthy.

Talkative Chi: By the name, you probably already know what this type of chi is. These people are often friendly and outgoing, but also nosy. Their chi flows very normally, but when they talk, the chi does not go to the brain first before they speak, so they might make people feel uncomfortable or upset unintentionally. These people have good intentions but just don't think before they speak. In school, they are the kids who always talk in class and are always being scolded by the teachers.

Cure: Put a non-metal ring under the pillow for nine consecutive days, and then put it on your middle finger.

Stuck Chi: Have you ever seen the kid in the back of the room sitting all alone? They never talk and just keep to themselves, and when you try to speak to them, they try to avoid you? Well they may have Stuck Chi. Their chi is stuck in their throat and just won't come out, so they just stay low. This doesn't mean that these people are shy or don't like to talk. They have many things in their mind, but they just don't know how to get it out.

Cure: Above your bed or desk, place a small round mirror on the ceiling directly above your head so that it attracts your chi upwards and it will go through your throat and upwards to your brain. Since the chi is attracted upwards, it will go through your throat so that you will be able to speak up.

3

Daydreaming Chi: Sometimes a person's physical body is present but the chi is somewhere else. Let's say you're in math class and you're daydreaming about having an ice cream, but then the teacher calls on you.

"What is the answer?"

"Huh? What question are we on?"

I bet that happens a lot during class! When the teacher asked you the *key* question, your chi came back from where it was. Whatever you are daydreaming about, your chi is there at that spot.

Cure: The cure is to get three bamboo flutes and place them in a shape like this:

They should be placed between the mattresses. It cannot be under the floor.
The top of the vertical flute should be under your head.

Porcupine Chi: In school, there is bound to be a bully. Everyone says that bullies pick on people smaller than them because they have no self-confidence, which is true, but there is something else: they may have porcupine chi! People with porcupine chi don't really talk that much, but whenever they open their mouths, something negative comes out and is directed toward you. That's where you get the porcupine chi—because they "needle" you with their comments.

Cure: The cure is the inhale and exhale exercise. Inhale one deep breath then exhale in nine short breaths, but the ninth breath should be a long breath. Repeat this nine times. Do this inhale and exhale exercise three times a day—when you wake up, after lunch, and before you go to sleep. Perform this exercise for nine or 27 consecutive days.

Bamboo Chi: Ever see stubborn people who just won't change their minds? They may very well have the bamboo chi. Let's say that you go to the house of a friend who has bamboo chi. When you sit down, he or she asks you:

"Would you like water or soda?"

"Water please."

"Are you sure you don't want soda?"

"Yes."

"Soda tastes much better, you know and…"

This person will start saying things to convince you to drink soda. In the end, this person may give in and go into the kitchen to get the drinks, but he or she will come back with a soda instead of what you have asked for—water.

People who have this chi also think that they're always right about everything and they don't listen to other people's advice. They basically just shut their ears when others are trying to help them.

Cure: The cure for this is sound. In your room, place something that has a relaxing soft sound such, as a wind chime or a small fountain, but no loud music. Natural sounds are the best for this cure.

Suspicious Chi: This person's chi is stuck in the head. They suspect all that is around them and eventually they will be paranoid. It's like your friend thinking that everyone hates him or her or that he or she is always gossiped about. Or maybe this person is always being over-the-top dramatic. Suspicious chi is a very bad chi to have.

Cure: Place nine lush green plants in your room or study room. They don't have to be large. They can be small bonsais but they must be green and healthy.

Depressed Chi: These people are loners and aren't interested in making friends or doing anything. When you talk to them and they answer, they'll likely mumble when they talk. These people also sigh a lot.

Cure: The cure is to have a fish tank in the room. The fish swimming around freely represent life and mobility. This will convince the child to participate in activities and move around. In the fish tank, it is best to have nine fishes, eight red fishes and one black fish.

Bagua

Bagua is an octagon and has many of secrets to it. The bagua originated back in ancient China through the philosophical book I-Ching. Each trigram has its own meaning. It is important to know all the trigrams of the bagua so that you can apply it to your living and studying environment to enhance or bring auspiciousness to each aspect of your life, such as school. By enhancing each aspect of your life, you will have a more balanced and healthy life. Let's start from the bottom right and go clockwise:

Ch'ien: Uh-oh! In school you were assigned group projects, but you're the only one who can't find a group! And back home, your brother has a problem at school with his grades and your dad is in a type of predicament himself! What can you do to help them? Well, you can start by adjusting your Ch'ien trigram, because it represents father or brother and assisting people. If you're in need of other people's help, you can adjust this corner too.

K'an: Worried about your future? There's no need to fear; the K'an trigram is here! This corner represents career, which of course, is for the future. By adjusting this corner, you can have the career you want and be successful at it.

Ken: Oh no! You're getting really bad grades! You studied so hard for this test, but you still got a bad score. No matter how hard you study, your scores aren't proving it. Well don't fret! All you have to do is adjust the Ken position, because it represents knowledge and cultivation.

Chen: Oh man! Not again! Your sister and your dad are at it again, and you just got into another argument with your mom. This family is going into chaos! What you should do is adjust the Chen position, because it represents family.

Sun: Want to have a bundle of wealth? This would be the position to adjust. There should be no missing corners in this position in your parents' rooms or offices. Otherwise, your family will suffer financially.

Li: Are you dreaming of the day that you will finally be famous? Well, I can help you with that! All you have to do is adjust the Li position, because it stands for fame. Keep in mind, though, that even if you adjust this corner, you have to work hard for good intentions or else you'll become infamous.

Kun: Are your mom and sister having bad luck these days and don't know what to do? Well, I can help you with that! Adjust your Kun position, because it represents mother and sister. Kun also represents relationships and marriage, but at your age, those things are not that important.

Tui: This position is more important to your parents because it represents children and offspring. The parents can adjust this position in their room for their kids.

Apply Bagua to your room:

How do you apply the **Bagua** to your room? Well, that's easy! Ch'ien, K'an, and Ken are aligned with the door. Imagine there is a line right in front of the door. The right end of the line is Ch'ien, the middle portion is K'an, and the left end is Ken. Once you know how to place these three trigrams, you will know where the rest of the trigrams are. This is why in Black Sect Tantric Buddhism Feng Shui, you don't need a compass. At this point, you will learn to do cures to help you and others!

Look at your Ken position in your room. Is it cluttered and just used for storage and laundry? Are your grades going downhill? Ken is your knowledge position! That corner should not be cluttered and dirty! It is the same for all other positions. You should not clutter any part your room. It will affect your positions and therefore affect your life. When your mother tells you to clean your room, she has a point!

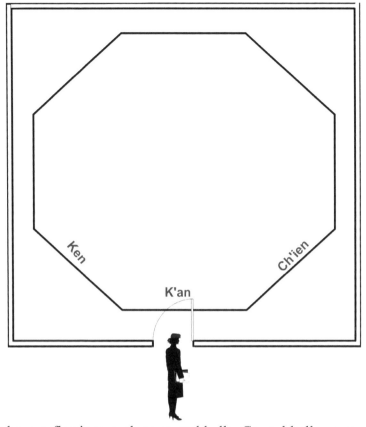

Adjustment Methods

If you are having problems in your life or would like to enhance aspects of your life through the Bagua, you can use "minor adjustments." Minor adjustments are when you use a small object to cure or enhance a trigram in the Bagua to improve a particular aspect of your life. You can use the following:

1. **Light**: You can use light or things that have reflections such as crystal balls. Crystal balls create rainbow lights when in contact with sunlight. You can also use mirrors, lamps, and other things that have to do with light. By using many bright lights, it will make that trigram very bright, therefore making that aspect of your life appear bright. For example, you can hang a crystal ball in the Ch'ien trigram so that it enhances people who are helping you in a time of need.
2. **Sound**: Have you ever heard the tinkling of wind chimes or other soothing sounds that make you calm? Well, you can always add sound to your room. For example, you can hang a wind chime in your room. These sounds in the trigrams will wake you up. I don't mean that literally, but for some people who are lazy and never truly "awake," having sound in the trigram will awaken their minds.
3. **Life force**: Are you in touch with nature? If so, you'll like this next minor adjustment! You can add something with life force or vitality to your room, such as fish tanks, bonsais, and other

small plants or life forces. Life force symbolizes activeness and energy. For example, the K'an position. You can adjust this trigram using plants, etc. It will give you energy to work hard and not give up when you are in a tight situation.

4. **Weight:** You might think that something that is very heavy or weighty is a bad thing because it weighs you down, right? Well, you're wrong! Weight is one of the minor adjustments. You can use a Yu (described in a later chapter) or even stones. They don't have to be those plain stones that you find in your yard, they can be crystals or unique stones that you find or buy. By having weight in the room, you will not be drifting from place to place. If you don't have weight in your life, you will never truly be determined to reach a goal.

5. **Color**: Using colors and colorful decorations to adjust trigrams is very easy. You can use color schemes such as the rainbow or the six true colors "*Om Ma Ni Pad Me Hum*". You can also use the color scheme of the five elements, "*metal, wood, water, fire, and earth.*"

6. **Mobile object:** Do you like watching things turn or flow? Well, I think you should use mobile objects in your room such as fountains and miniature windmills.

7. **Power:** Have you ever seen a traditional Chinese wedding? At the end of the wedding they use firecrackers to symbolize good luck. The reason that we use firecrackers is that they have the power or energy to shoot upwards. A good place to use a firecracker is in your K'an trigram so that your career will skyrocket! If you do not want to use firecrackers, you can use arrowheads and put them above your door like the firecracker. These symbolize power .

8. **Hydraulic power**: I've always loved the sound of water. I find it relaxing and calming, and many others do too. You can add hydraulic power such as fountains and miniature waterfalls.

9. **Others**: If you are not interested in the above mentioned adjustments, there are other minor adjustments which use bamboo flutes, beaded curtains, etc.

II. Feng Shui Elements

Bedrooms & Study Rooms

So everyone wants the perfect room, right? Well, there are many things to make perfect in a room. The most important thing is to have a CLEAN and ORGANIZED room. I know that it might be a pain, but in order for you to be organized, your room needs to be organized. Your floor shouldn't be littered with clothes or books. These things will block the chi from having a smooth flow in the room. For example, imagine you are a butterfly. You're in a field of flowers, but then in the middle of the field there are all these weeds sprouting between the flowers, making the field disproportional and messy. You also don't want anything blocking the "Mouth of Chi," otherwise known as "the door." Chi enters through the Mouth of Chi, and having an obstacle there will disturb the flow of Chi coming through the Mouth of Chi.

Wallpaper and Color

Have you ever thought of painting your room or maybe putting up wallpaper? You should know a few facts before you start sprucing up your room.

If you want to put wallpaper on your walls, it's better to use softer wallpaper than hard unsmooth wallpaper. The reason for this is because wallpaper represents your skin. Would you want to have rough and dry skin, or soft and healthy skin? Or maybe you want to paint your room. There's one major rule: the brighter the color, the better! Some desirable colors would be light green, green, and blue. Light green represents the springtime and youth, green represents the trees and grass, and blue represents the ocean, sea, or lake. These colors are good for you because they represent youth, movement, and vitality.

If you already have a color on the wall, that's fine. For example, pink symbolizes relationships, and purple represents money or wealth. Just remember: no dark gloomy colors. If you have posters on the wall, that's fine, but make sure there aren't so many that you cannot see the wall anymore. It would be like covering your skin with goo.

Light

You should have very bright lights in your room. A dark and gloomy room will not help the chi in your room. The chi in your room will be gloomy and seem depressing, which will make you gloomy. If a light bulb goes out, you should replace it immediately because it means that some kind of bad chi has entered the room, making the light bulb go out and the room less bright.

Room Size

Let's talk size. If your room is so narrow that you feel like the room is caving in on you or feel like you're trapped inside, only under these circumstances should you perform a cure. The cure is to put mirrors on the entire wall so that it covers the whole thing. Covering one wall is fine too. How will the mirror help you? The mirror will make the room seem bigger than it actually is.

Room Shape

A rectangular or square-shaped room is the best kind to have. Having an irregularly shaped room is not always good. As you see in the diagram below, the two bottom corners are missing. Those two corners are the knowledge and the assisting people corners. When you place the Bagua in your room, those two trigrams will be missing.

Let's say you're doing a group project but you can't find a group. Or maybe you studied hard for a test, but you still got a bad score. Every time you take a test, you'll have a bad score no matter how hard you study. You just have plain old bad luck. So you better get those two corners cured immediately!

The cure is to place the mirrors at the missing corners. Each mirror will give a reflection so that it looks like there is a corner.

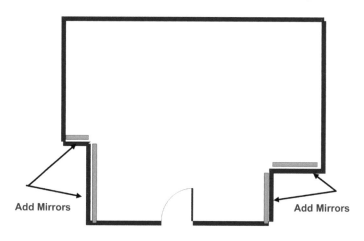

Beams and Pillars

Does your head hurt a lot of the time? Maybe you have beams on your ceiling. The beams pressure your body going downwards. The pressure will feel as though there is something on top of you and you can't get it off. It will feel heavy and pressuring. It might cause your whole body to hurt. When you first get up in the morning, you'll feel very sluggish and sore.

The cure for this is quick, fun, and easy. All you have to do is entwine fake flowers or fake green leaves with the beams. The fake flowers or leaves must be lively and colorful. The best kinds to have are the kind that look real, but aren't.

Or maybe you have pillars in your room? That's not good for you either because it's blocking the space and chi in the room. Imagine you are chi. Then imagine yourself coming through the Mouth of Chi very strongly and then suddenly smacking right into a pillar. That wouldn't feel good, would it? The cure for pillars is that you should cover all four sides of the pillar with mirrors. If you happen to have a round pillar, you can put paintings that wrap around the pillar, ribbons, fake flowers, etc. You just have to decorate it enough for it to seem like a piece of art, not something that is blocking the chi in your room.

Desk and Bed Positions – Commanding Position

"Why should we care where our beds and desks are placed? It doesn't matter," is probably what you're thinking. But it *does* matter because you spend about eight hours sleeping, about eight hours at your house or at your desk, and the other eight hours doing something else. As you see, you spend most of your day in your room sleeping and studying; so it is definitely important how you place things.

The best bed/desk position needs to have the following:

- From your bed or desk, you should be able to see everything in the room without turning your head. A bad example would be if your bed were in the middle of the room. You could not see what is behind you so you would have to turn your head in order to see what is there. It would be uncomfortable for you if, in the middle of the night, you heard something behind your bed and had to turn around to see what it was. It would also make you nervous or scared when you slept.

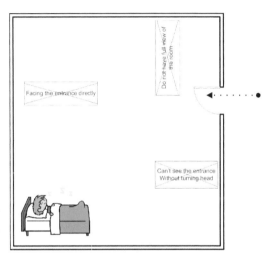

- From your bed or desk, you should be able to see the Mouth of Chi, which is the door. If you couldn't see the Mouth of Chi, whenever someone entered the room, you'd have a heart attack not knowing who was entering your room!
- Your bed or desk should not be directly in front of or face the Mouth of Chi, the door, because when the chi comes in, it is very powerful and rushing like a very fast moving river. Imagine yourself in that river; you'd get swept away by the force.

These three requirements make up the "commanding position" for your room. The diagrams show you the best position to place the bed and desk. This also applies to your parents' office desk.

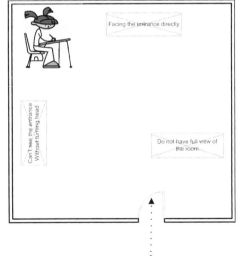

15

Types of Beds

Have you ever wondered what type of bed would suit you most and what beds you should avoid having?

➤ Spring beds are fine. These are the most common kinds of beds. You shouldn't put kitchen utensils, money, or shoes under the bed because "shoes" pronounced in Chinese means "evil." It would be better if there was nothing under your bed at all.

➤ Beds with drawers underneath are fine just as long as you store only clothes in the drawers and nothing else.

➤ A Murphy bed is a bed that pulls down from the wall. These beds are not good, and the people who sleep in these beds will be vulnerable and unsafe. They will also be unstable in school, and so will their grades. A Murphy bed for a temporary guest is okay.

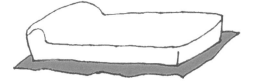

➤ Futons are very popular nowadays, but that doesn't mean they are good. A person sleeping on a futon will also be vulnerable and unsafe. Moreover, the sleeper will catch chills easily from sleeping on the ground; the futon sleeper is in direct contact with the ground chi. What this means is that the death chi or yin chi will be able to find them very easily! A cure for this is to place a piece of red cloth under the entire bottom of the futon so that it is in between the futon and the floor.

➤ Waterbeds are usually considered very comfy and fun to sleep in, but Feng Shui says differently. The sleeper can easily catch sicknesses because of the dampness, or he or she can have an injury to the spine. The sleeper will be aimless in life and he or she will lack confidence. One good thing about a waterbed is that if someone has too much confidence, bordering on arrogance, you can let him or her sleep on a waterbed.

> Bunk beds aren't all that good, even though they may be convenient because you may have siblings or live in a dormitory. Normally bunk beds are for two people. Even though everyone calls "shots" for the top, you should know a couple of things about the top before you do. If you sleep on the top of the bunk bed, you will begin to feel insecure because even though there is support, it feels like you're sleeping in the air. And because you're sleeping in "mid-air," your body will begin to grow weaker because there is no support. Though you are still a kid, you should know that if you sleep on the top of a bunk bed when you are older, your career will suffer and you will have to overcome many obstacles, making you stressed. Oh and by the way, if you are sleeping on the top, don't bother buying a lottery ticket, because your luck is on vacation.

Now let's talk about the person sleeping on the bottom. Since there is some-one sleeping on top of you and because there is a mattress above you, it will be hard to lift your chi and make it better. Also, since the mattress is right above you, it will be hard to overcome problems. If you have a bunk bed to yourself and you sleep on the top, you should sleep on the bottom, because the bottom has fewer consequences than sleeping on the top.

I will now tell you the cure for bunk beds. Cure for the top bunk: On each of the four pillars that support the top bunk, tie an artificial red, purple, or pink flower. Do not use yellow or white flowers! If you don't feel comfortable using flowers, you can also place a red piece of cloth under the whole mattress of the top bunk. If you sleep on the top bunk but you feel that your bed is so close to the ceiling that you feel uncomfortable, you can place a mirror or mirror-like material on the ceiling so that it is directly over you. If you don't like having just one piece of mirror over your bed, you can cover the whole ceiling, and the effect will stay the same.

Cure for the bottom bunk: You can place a very thin mirror or mirror like material on the bottom of the top bunk so that the mirror uplifts your chi.

There is another type of bunk bed, which looks like this:

This type of bunk bed is the **WORST** kind to have. The cure is to have four bamboo flutes and on each of them to tie a red piece of string. Tie these bamboo flutes on each of the four pillars that support the top bunk. The bamboo flute represents support and acts like a sword to ward off evil.

Points of Attention on Beds

1. There must be support behind the head of the bed, and the headboard should not sway or shake. That being said, there must be a wall behind the headboard or something very supportive. At least one side of the bed should be against a wall. If all four sides are not against any walls, then the sleeper will experience loneliness without any companies or family supports.

2. If you know someone who wants to be aggressive in promoting himself or herself, he or she should place the bed or the desk at an angle, but it must dominate one corner of the room. When placed at the commanding position of the room, the person will have control over all situations, attain high and powerful positions such as CEO or the chi of leadership in the future.

3. It is worth repeating that nothing should be under the bed such as money or utensils, and definitely no shoes.

4. If there are railings or fence designs on the four sides of the bed, then the sleeper will be more likely to have problems with jail and imprisonment. Because of your age, this is not likely to happen. However if you do have rails, you should get rid of them.

Also check your parents' bed and apply the same rules.

III. Chinese Folklore

More Effective in Study

Tapping your Head

Are there days when your head isn't clear? When this happens, you can always use your nails to tap your head. When you find a section on your head that seems to hurt the most, continue to tap until your head has cleared up.

Sun-Moon Mirror

Another thing you can do if your head still doesn't clear up is use the "sun-moon mirror cure." To make a sun moon mirror, you need a double-sided, small, round mirror. Expose one side of the mirror to the sun for 24 hours and expose the other side to the moon for 24 hours. (You can put a tiny dot on either side to remind you which side is which.)

Once you have the "sun-moon mirror," place it under your pillow with a brand new white handkerchief. When you get up in the morning, wipe both sides of the mirror nine times with the handkerchief for 27 consecutive days. While you are wiping the mirror, you should chant "Om Ma Ni Pa Me Hum" and visualize that you are getting smarter and can do very well in school.

Nine 日 (Sun)

Studying for a big test that will totally decide your future? No problem! I have just the cure for you. All you need is a new black-ink pen, a new white handkerchief, and the "sun-moon mirror." First, write draw nine squares with a line through them, like so: 日.

In Chinese, this symbol means sun. While you are writing these symbols, visualize that you are passing the test and doing well. Afterward, place the mirror underneath your pillow and sleep on it. Every morning right when you wake up, rub the mirror nine times for nine consecutive days. On the day of the test, bring the handkerchief with you.

Flipping through the Book

Can't do that method? Here's another you can try. Find your textbook and flip to any page. Study that page. Do this exercise nine times a day for 27 consecutive days. It will bring special and surprising effects on your test. Keep in mind that you can use both cures.

One important thing to remember is that you still have to study hard. These cures will only help you if you work hard.

Five Elements

What is five elements?

I'm sure you've all heard of the four elements: wind, water, fire, and earth. But did you know that there are actually five elements in Feng Shui? The five elements in Feng Shui are metal, wood, water, fire, and earth. It may be hard to believe, but you have all of these elements in your chi. Some elements you will have too much or too little of, and of some you will have just the right amount. What do these elements stand for? Well, metal stands for righteousness, wood stands for benevolence and humanity, water stands for wisdom, fire stands for etiquette or courtesy, and earth stands for trustworthiness.

Metal- Too much metal will make you talk a lot, meaning that you talk non-stop and the words you use don't go through your brain but right out your mouth, making you a blabbermouth. Too little metal will make you quiet, and all the words will get stuck in your throat when you try to speak. Just the right amount will make you talk when you are talked to or needed, but the words go through your brain first.

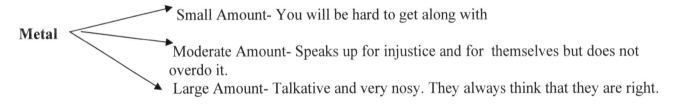

Metal

Small Amount- You will be hard to get along with

Moderate Amount- Speaks up for injustice and for themselves but does not overdo it.

Large Amount- Talkative and very nosy. They always think that they are right.

Wood- If you have too much wood in you, you're definitely a very stubborn and you have to have your way. Having too little wood is bad too. You don't have your own opinions and always agree with other people. Having just the right amount means you have your own opinions and think before agreeing.

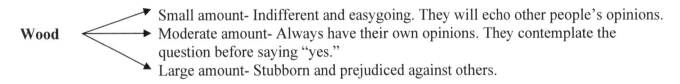

Wood

Small amount- Indifferent and easygoing. They will echo other people's opinions.

Moderate amount- Always have their own opinions. They contemplate the question before saying "yes."

Large amount- Stubborn and prejudiced against others.

Water- There are two different types of water. There is static water, meaning wisdom, and Dynamic Water, meaning your social life.

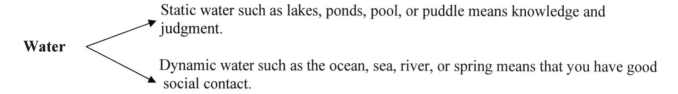

Water
- Static water such as lakes, ponds, pool, or puddle means knowledge and judgment.
- Dynamic water such as the ocean, sea, river, or spring means that you have good social contact.

Fire- If you have too little fire, then you don't stand your ground. You swallow people's complaints and criticism thrown at you. If you have too much fire, it's just the opposite. You will get angry at every little remark and have a very bad temper. Having too much fire is kind of like having porcupine chi. If you have just the right amount, you'll stand your ground and tell people to stop when they are going too far.

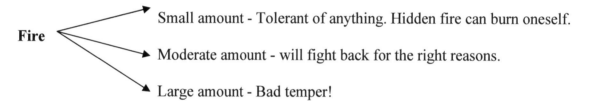

Fire
- Small amount - Tolerant of anything. Hidden fire can burn oneself.
- Moderate amount - will fight back for the right reasons.
- Large amount - Bad temper!

Earth- If you have too little of the earth element, then you are very selfish. Even when you know you can help people, you refuse. On the other hand, if you have too much of the earth element, you sacrifice yourself for others no matter what the cost to yourself.

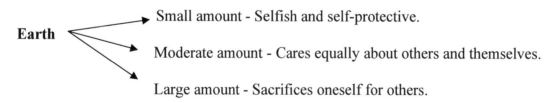

Earth
- Small amount - Selfish and self-protective.
- Moderate amount - Cares equally about others and themselves.
- Large amount - Sacrifices oneself for others.

How to adjust five elements?

To adjust **Metal**, put a non-metal ring under the bed between your mattresses for nine consecutive days. Then wear the ring on the middle finger. For males, put the ring on the left hand, but to enhance the cure, put it on the right hand. For females, put the ring on the right hand. For enhanced affects, put it on the left hand.

To adjust **Wood**, put three pots of healthy green plants around the bedroom door, living room entrance, and the front entrance.

To adjust **Water:**
> ➢ **Static water**: Perform the "sun-moon mirror" cure, as described in earlier chapter.
> ➢ **Dynamic water**: Contact nine people every day for 27 consecutive days. The conversation should not include personal requests or alternative motives whatsoever.

To adjust **Fire**: Since having too much fire is like having porcupine chi, the cure is the same. Inhale one deep breath then exhale in nine short breaths, but the ninth breath should be a long breath. Repeat this nine times. Do this inhale and exhale exercise three times a day for nine or 27 consecutive days.

To adjust **Earth**: Put nine small rocks in a Yu (a short broad mouthed bowl) and add water until it is three-quarters filled. Change the water and expose it to the sun every day for nine or 27 consecutive days.

Animals

I bet everyone loves pets, right? But did you know that not all pets are good for the household? H.H Grandmaster Lin-Yun says that pets are part of Feng Shui for your home. I will also teach you about animals that you see in everyday life.

Dogs and Cats are generally good animals, although dogs are more loyal than cats. Avoid getting black cats with white paws and a white chest or golden colored dogs. If one member of your family is the dog in the zodiac, try not to get another dog, because two dogs means "cry" in Chinese character.

Fish do no harm in the household. It is best to have are nine fishes – eight red ones and one black.

Birds are good because they sing joyful songs. Having an owl as a pet, or even seeing one, isn't good because they symbolize bad luck. The best type of bird to have is a bird that can imitate the human voice, such as a parrot. Let's say that you are outside for a walk and see a raven or crow. That's very bad because they are bad luck. If you see a totally red bird such as a cardinal, then it symbolizes good luck.

Insects scare many people, and that is not a good thing, so refrain from getting insects as pets.

Hamsters and other rodents are known as robbers in China. If you have one as a pet, you are giving a robber food and shelter, and soon you will encounter problems with robbery.

Turtles are great pets because turtles live for a very long time and symbolize longevity.

If you see deer, they are very auspicious because they are gentle and kind. If you see them as road kill, that's a different story. I will show you how to avoid this bad chi later.

Chinese Zodiac – Twelve Animals

Knowing your zodiac sign is very important. There are 12 zodiac animals. They are the rat, ox, tiger, rabbit, dragon, snake, horse, ram, monkey, rooster, dog, and pig. Every year has a different animal sign. For example, this year (2007) is the pig year, and next year will be the rat year. They go in a 12-year cycle. The year you were born determines your zodiac sign. For example, I was born in 1994, which makes me a dog.

Have you ever wondered who your perfect match would be, for example, the perfect person to be your spouse, boyfriend/girlfriend, friends, co-worker, or boss? Well, now I can tell you.

The best relationships are:
Rat and ox
Tiger and pig
Dog and rabbit
Rooster and dragon
Monkey and snake
Ram and horse

The worst relationships are:
Rat and ram
Ox and horse
Tiger and snake
Rabbit and dragon
Dog and rooster
Monkey and pig

*Keep in mind that just because they are the best relationships doesn't mean that they will always work out. Also keep in mind that even though the signs predict the worst relationships, they can still work out.

The easiest cure for inharmonious relationships is to put up the 12 zodiacs in whatever trigram. For example, if you are in the worst relationship with any your family members, hang the 12 zodiac signs in Chen position (representing family). Or for parents having problems with the boss or co-worker, hang the 12 zodiac signs in the Ch'ien position (representing helping people).

If your parents are in an inharmonious relationship with a business partner, there is another cure. When you are signing your contract with your business partner, sign it with your left hand and then go over it in your right hand. When you sign the contract, visualize the Five Thunder Protectors or your god/deity. When you have to give them the contract or a copy of it, **NEVER** give the contract to them directly. It must go through a third person or leave it on their desk for them.

If you would like to be safe and have harmony in every year, you can wear the animal that best goes with the animal whose year it is. For example, since this is the pig year, you can wear a tiger. It can be a charm or necklace, but you must wear it to bring the auspicious Ch'i.

Natural Disasters & Natural Signs

Does rain mean that god is crying? Or if it's snowing, does it mean that it is god's dandruff? Or maybe when a volcano erupts, does that mean that Pele, the Goddess of Fire, is angry? You are soon going to find out.

Sun and Moon

The sun and moon sharing the same sky is very unusual. As you have heard in science, the reason you can't see the moon in the daytime is because the sunlight blocks it out, but the moon is still there. When you see this, it means your intelligence will increase in school or even spiritually. I'll teach you a secret. The second you see the sun and the moon out together, visualize the light going to your room or study room or even to other people if they are sick or not feeling well. This visualization will bring you auspiciousness, but keep in mind that you have one second to think about one thing.

Hail

When you hear "hail" you might think, "no school!" Well, that's great for you, but is it really? Feng Shui wise, if hail hits you and especially your head, you are going to have very bad luck and terrible things will happen to you or to your close family. The first cure is just to stay inside when it's hailing. If you do go outside and you get hit, cut nine round pieces of orange skin and bathe in the water with them. Wash yourself thoroughly—even your hair and face.

Cloud

Imagine that you are watching the sunset and seeing colorful clouds. They all have very unique colors such as pink, purple, orange, and even red. What does it mean when you see theses clouds? It means that you are blessed. If you find auspicious shapes in these colorful clouds such as a dragon, a horse, or an auspicious animal, then you should inhale until you can't inhale anymore and as you exhale chant "Ami Tuo Fuo." Do this 10 times.

Rainbow

It has just stopped raining and you see a beautiful rainbow. What does it mean? In Feng Shui, a rainbow's position has different meanings.

West: Your children will do something for you to be proud of. (This isn't that important for a kid right now, but it's good for parent to keep it in mind.)

South: You'll have a job promotion or increased fame/social status, but like in the West, it would affect parents more than kids.

North: This is definitely a good thing for you children! It means that your career dreams will come true. But you still have to work hard!

Southeast: Isn't it every kid's dream to make big bucks? Well, seeing the rainbow in the Southeast means that you will accumulate wealth, but not for now. Seeing this when you're older it will be more relevant.

Southwest: It means lucky in love, but I suspect that it will be more relevant in the future.

Northwest: Seeing the rainbow in the Northwest means that helpful people will come when you are traveling.

Northeast: When you see the rainbow here, you will have increased intelligence, but always remember that you have to work hard. When adults see this, it also means greater social stature.

Earthquake

You hear a rumble and then everything starts shaking. Earthquake! An earthquake obviously signals something bad. It means a downfall in the family, such as your parents getting a divorce, or it means there is no order around the house.

Scaredy- Cat

Five Thunder Protectors

Your parents just left you home alone at night to go out. They didn't hire a sitter this time because they trust you. It's getting late now and you're in your bed trying to sleep. All of a sudden you hear some weird noises. Your heart is beating faster and faster.

Or maybe you were just at the home of a friend who lives nearby. You're walking home alone and you're starting to get paranoid. You think you see things in the shadows and you hear someone following you. You're so scared out of your mind that you don't know what to do. Well, luckily there is something that you can do that will calm you down a bit.

First, try to relax a bit. Once your heart rate is back to normal, visualize yourself surrounded by five protectors or gods and your spiritual teacher. You can always visualize H.H. Grandmaster Professor Lin-Yun your spiritual teacher. If you aren't Buddhist, you can visualize your God. For example, if you're Christian, you can visualize God. If you're Catholic, visualize Jesus, if you're Jewish, visualize Hashem, if you're Muslim, visualize Allah. Then recite the
Five Thunder God Mantra:

Wulei wulei bubu xiangshui
Shen chuan kaijia tou dai jinkway
Wu fong tai shang lou jun
Jiji ru lu ling

Here is an example of another situation: You could be at school or maybe walking on the street when bullies surround you. You're going to be beat up if you don't do something quickly! What you have to do is scratch your scalp nine times (or multiples of nine such as nine, 18, 27, etc.) When scratching your scalp, visualize that the Five Thunder Protectors will speedily come forth to restrain the other party.

If your family members, relatives, or elders are going to court, a controversial meeting, or a long journey, they can use the Five Thunder Protectors. This will protect them and keep them safe and also help them win their cases.

Expelling Mudra

Imagine yourself at night, walking on the street with your friends. When you're walking, you come upon a cemetery. What do you do? You have to learn the Expelling Mudra. First, take one hand and bend your middle and fourth finger down so that it touches your palm. Then place your thumb over the nails of the two bent fingers. The pinky and index finger stay straight. Then flick the two bent fingers against the thumb and that is the Expelling Mudra.

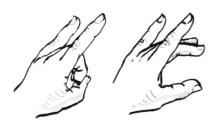

So back to when you were near the cemetery. When you're passing, form the Expelling Mudra and perform it nine or 27 times. Every time you flick once say, "Om Ma Ni Pa Me Hum." If this is too hard for you to remember you can say, "Oh money! Pay me home!" (Invented by auntie Dr. Lien from Harvard Dental School.) If you see any animals as road kill, then it's very bad. You should do the "Expelling Mudra " cure immediately.

Posture Correction & Health Increase

Scooping Fish from the Bottom of the Sea

"Sit up! Back straight!" your mom says to you. You half expect her to tell you to salute her! Good posture is very important because you don't want to grow up hunchbacked when you grow up, do you?

Stand with the legs apart at about the width of your shoulders. Dig your toes into the ground. Slightly stand on your tiptoes and bend down. Squeeze in your abdomen and tighten your backside. Move your arms as if you're trying to grab something in front of you. Move your hands alternatively. Make sure to grab as far as possible. As you are doing this, visualize your spine is straightening itself. Perform this grabbing motion nine times. One grab from your right and left hand counts as one time. Do this once a day and repeat for 27 consecutive days.

Scooping the Moon from the Sky

For a height increase, do the same upward grabbing motion, as if you cannot reach something. As this motion is being performed, visualize that as you are moving upwards, your joints and bones are all shaking as your bones are being extended. Do this nine times. One grab from the right and left hand is one time. Make sure to do this once a day for 27 consecutive days.

Livre de Feng Shui
pour des gosses
et leurs parents

Préface

J'ai étudié, fait des recherches et enseigné le Feng Sui pendant plus de 60 ans. Et cette année, j'ai eu soixante seize ans. Il est temps pour moi de voir un livre pratique pour les enfants sur le Feng Sui. Ce livre est écrit par une jeune fille de treize ans, née aux Etats-Unis et qui a prévu de le publier, en Anglais, en Français et en Chinois.

L'auteur, Selina Crystal L. Jan, est l'une des deux filleules les plus obéissantes et aimantes, pour ce vieil homme solitaire, l'autre étant la ballerine mondialement connue : Yuan-Yuan Tan. Depuis l'âge de sept ans, Selina a accompagné ses parents à mes conférences, dans des lieux comme Harvard, Yale, MIT, Wellesley, Columbia et Princeton et elle a maintenant treize ans. Récemment, elle a assisté aux conférences de sa marraine Khadro Crystal Chu Rinpoche et moi-même quand nous avons été invités à parler devant le groupe de Feng Sui (SRC) des Nations Unies (23-24, août 2007). Durant cette conférence, Selina écoutait attentivement et prenait soigneusement des notes. C'est une jeune fille studieuse et pleine de talents et douée d'une sagesse exceptionnelle, et sa polyvalence est démontrée par sa position de deuxième degré ceinture noire en Karaté. Selina vient d'une famille d'intellectuels. Son père, Steven Jan, est lui-même un expert de Feng Sui renommé, dont les deux livres sur la perspective du Feng Sui du groupe religieux du Bouddhisme Tantrique Noir, restent largement populaires jusqu'à ce jour. La mère de Selina, MaiLin Jan a un poste de cadre, comme vice-présidente du siège de la Banque « Citibank ». MaiLin est une mère affectueuse, une femme sensationnelle, pleine de bon cœur, de compassion et de clémence. Elle a aidé, son mari, et beaucoup appris à sa fille. C'est certainement la personne qui a le plus d'influence sur Selina.

J'ai déjà lu attentivement le livre de Selina, trois fois et j'ai découvert que, non seulement, ce livre est bénéfique aux enfants, mais qu'il peut être aussi d'une grande utilité pour les parents de jeunes enfants.

La structure du livre de Selina suit une logique moderne. Elle va droit au but et présente ce qu'est le Feng Shui. Ensuite, elle analyse les divers types de Chi, intéressants et très utiles. Ensuite, en utilisant le bagua du I-Ching, elle explique comment déterminer la position du trigramme pour votre chambre et votre maison. Ses explications sont concises et même plus claires et complètes que les miennes.

Ensuite, le livre explique aux lecteurs, les détails de la chambre et du bureau, comme la texture, la couleur et la rigidité du papier de tapisserie, l'éclairage de la pièce, que la pièce aie des poutres aux effets négatifs, ou des piliers. Quels sont les remèdes très utiles pour ces problèmes ?

Le point le plus important est le placement du lit et du bureau pour que les enfants puissent bien étudier et bien dormir. Tour ces adorables enfants auront l'esprit frais et clair, et une bonne santé physique et mentale. En fait, si les parents lisent avec attention ce livre et suivent les principes de base du Feng Sui, pour placer les lits et les bureaux, eux aussi, recevront des avantages inattendus améliorant leur énergie et vitalité et obtenant beaucoup de chance dans toutes leurs entreprises.

En plus d'une introduction des différents types de lits, Selina détaille plus minutieusement, les remèdes transcendantaux secrets concernant les relations mouvementées des cinq éléments. Et ces remèdes sont ceux du groupe religieux du Bouddhisme Tantrique Noir.

Ensuite, Selina suit son cœur compatissant et aimant et nous montre comment s'occuper d'animaux familiers, et analyse le positif et négatif des relations, soit destructives, soit harmonieuses des douze signes du zodiaque : le rat, le bœuf, le tigre, le lièvre, le dragon, le serpent, le cheval, le bélier, le singe, le coq, le chien et le cochon. Elle donne aussi les détails les plus secrets possibles des remèdes transcendantaux contre ces problèmes.

Selina ingénument, parle des différentes anormalités, telles que, la lune et le soleil dans le même ciel, l'apparition des arcs-en-ciel, les étoiles filantes, la voie lactée, le halo lunaire, et analyse ces phénomènes profonds, utilisant un langage, simple.

Dans ce livre, nous voyons comment toutes ces merveilles de la nature, passent et repassent sans arrêt dans l'esprit de Selina comme les tempêtes de neige, la grêle, la pluie le gel, les tremblements de terre, les éruptions volcaniques, les glissements de terrain, les tornades, etc. Bien sûr, elle n'oublie pas ses très chers animaux familiers : chat, chien, poisson, tortues, lapins, vers à soie, hamster.

Elle explique aussi comment avoir une contenance agréable, et comment s'asseoir, se lever, s'allonger, et marcher pour recevoir tous les bienfaits possibles pour la structure de notre squelette, pour obtenir équilibre, harmonie, et force de notre corps et de notre esprit.

A la fin, cette petite espiègle compatissante et au grand cœur, nous enseigne deux des remèdes transcendantaux les plus secrets parmi ceux du groupe religieux du Bouddhisme Tantrique Noir : « Ramassant les poissons au fond de la mer » et « prenant la lune du ciel ». Selina souhaite même aux lecteurs une bonne santé et des vœux de bonheur.

De voir Selina, une jeune fille de treize ans, avoir tant le désir d'aider le monde, et d'apporter une telle contribution, Je suis profondément ému et extrêmement heureux d'écrire la préface de son livre.

Sa Sainteté Grand Maître et Professeur Thomas Yun Lin

Avant-propos

Ma chère filleule, Selina, vient de finir d'écrire son nouveau livre, et je suis extrêmement heureuse et fière de son accomplissement. Selina est intelligente et perspicace .C'est une fille qui a un lien karmique très fort avec Buddha. Ses parents, Steve et Mailin sont nos bons amis et des disciples fidèles. Depuis son plus jeune âge, Selina a accompagné ses parents, pour participer à la plupart des activités du groupe religieux du Bouddhisme Tantrique Noir, que ce soit à New York, Boston ou sur toute la côte est des Etats-Unis. Elle a aussi assisté aux conférences et participé aux ateliers, consultations de Feng Shui, aux cérémonies de bénédiction, de mariage, fêtes d'anniversaire et banquets pour honorer les professeurs. Selina a participé avec nous, à de nombreux voyages, découvrant ainsi beaucoup de villes d'Europe, allant à Taiwan, au Japon, en Inde, au Népal et bien sûr, aux Etats-Unis. Elle est si jeune et pourtant, elle a déjà appris tant de choses pendant ses voyages avec le Grand Maître Lin-Yun et moi-même. Elle a fait ce que bien des disciples ne peuvent que rêver de faire .Grâce à ces circonstances, Selina a formé un lien très profond avec nous. Pour son jeune esprit, prendre part à toutes ces activités est devenu naturel, et pour elle, suivre les enseignements de son parrain, n'est pas à remettre en question.

En regardant Selina grandir, tout au long des années, je suis étonnée de voir comme le temps passe vite ! Maintenant au collège, Selina est devenue une jeune intellectuelle. Elle peut mieux comprendre les enseignements de son parrain et suivre sa voie, en prenant des notes sérieuses lors des conférences et des ateliers. En deux ans seulement, elle a pu trier ses notes et écrire un livre prêt à être publié Elle y a mis tout ce qu'elle a appris sur la philosophie chinoise, le Feng Shui et les traditions populaires , pour le partager avec les autres enfants, cela n'étant aucunement enseigné à l'école et pourtant, de si grande importance. Le plus admirable, c'est que Selina a écrit ce livre en anglais, chinois et français. Ses talents en langues démontrent sa capacité extraordinaire d'apprendre et son zèle.

Le Feng Shui est une science de la Chine ancienne, qui met en relief comment notre environnement, même celui de notre lieu de travail, a des incidences sur notre vie. L'impact touche tous les aspects de notre vie: santé, carrière, famille, mariage, célébrité, richesse, progéniture, connaissance, aide aux autres ainsi que les relations interpersonnelles, la construction d'immeubles, leur démolition, les déménagements, mariages et funérailles. A partir de cela, on peut voir que le Feng Shui est profondément ancré dans nos vies et que sa condition peut nous affecter terriblement. Ce qui est profond au sujet du Feng Shui, c'est qu'il procure des solutions pratiques et transcendantales à nos problèmes. En plus du fait qu'on peut résoudre les problèmes causés par un mauvais Feng Shui, en en annulant les effets négatifs, on peut aussi utiliser les ajustements du Feng Shui et les bénédictions pour atteindre nos objectifs et améliorer notre bien-être.

La connaissance du Feng Shui a été utilisée dans les traditions chinoises depuis des millénaires, entraînant par conséquent, l'existence de différentes approches, et théories au sujet du Feng Shui. Les différentes écoles de Feng Shui enseignent différentes théories, techniques, outils, aussi bien que des applications , des solutions différentes conduisant à des résultats différents .Le parrain de la petite Selina, Sa Sainteté Le Grand Maître Lin-Yun, est l'autorité mondialement la plus reconnue dans le domaine du Feng Shui. Il a recueilli l'essence des théories traditionnelles du Feng Shui, pour les ajouter aux connaissances accumulées durant ses études avec de grands professeurs, y incorporant aussi ses propres théories. On y trouve aussi des éléments de la science moderne. Tout cela constitue l'école de Feng Shui du Bouddhisme Tantrique Noir. Il y a 30 ans Le Grand Maître a commencé à enseigner aux Etats-Unis. Il a ensuite, été invité à de nombreuses conférences tout autour du monde, parcourant les 5 continents. Il a apporté le Feng Shui du Bouddhisme Tantrique Noir au monde occidental et attiré beaucoup d'intérêt et impressionné le plus grand nombre. Si le Feng Shui est devenu si populaire en Occident, et un sujet d'études, on doit en attribuer tout le mérite au Grand Maître Lin-Yun.

Le petit livre de Selina est écrit suivant les théories de l'école du Bouddhisme Tantrique Noir. Elle présente d'abord, aux lecteurs, la théorie du Ch'i, l'essence d'une personne, sa force d'énergie. Le Ch'i d'une personne est influencé par le Ch'i du Ciel, celui de la terre, du pays, de la société, l'environnement et le Ch'i des autres. L'essentiel de l'enseignement du Feng Shui réside dans le Ch'i de l'environnement, donc, en ajustant notre Feng Shui, nous ajustons notre environnement. En faisant cela, nous rendons le Ch'i de ceux qui vivent autour de nous, plus calme et agréable.

Notre jeune auteur a méthodiquement présenté « Le Bagua », l'octogone, selon la théorie du Bouddhisme Tantrique Noir, son sens, sa place dans la chambre et comment en utiliser les méthodes faciles pour ajuster le Feng Shui. Un peu plus loin, le livre montre aux enfants et à leurs parents comment appliquer les règles du Feng Shui à la chambre et à la salle d'études, les avantages et les inconvénients des différents lits, la meilleure position du lit et du bureau, comment choisir l'éclairage , le papier de tapisserie, la couleur de la peinture et comment remédier aux poutres et aux piliers d'une pièce Dans le chapitre suivant, elle présente avec soin, la théorie du Ch'i et comment transcendantales on l'utilise pour analyser nos 5 éléments ainsi que les solutions appropriées Chacun possède les 5 éléments :en lui ; métal, bois, eau, feu et terre, et chaque élément nous donne un trait de caractère. En ajustant les 5 éléments, on peut rétablir l'équilibre et améliorer l'harmonie dans la vie de chacun. Selina introduit ensuite, les 12 signes du zodiaque, représentés par 12 animaux, le côté positif ou négatif des signes de la nature, elle enseigne aussi aux enfants, les 4 plus précieuses des solutions transcendantales les plus secrètes pour améliorer les études. En cas de peur, elle apprend aux enfants comment réciter le mantra de l'orage, pour se redonner courage, et être protégé. Finalement, Selina donne aux enfants des remèdes secrets de grande valeur, pour corriger leur posture et grandir en taille.

Au jeune âge de 13 ans, Selina a un coeur tendre d'enfant, tout en étant capable d'écrire au sujet des connaissances profondes du Feng Shui de la Chine ancienne, en utilisant un style léger et touchant.

C'est vraiment une réalisation exceptionnelle Partant de cela, on peut remarquer son intelligence, son Quotient Intellectuel très élevé, ainsi que sa grande perspicacité. J'espère que les enfants et leurs parents, qui auront la chance de lire ce livre, en recevront tous les effets inattendus et miraculeux. Ce sera la récompense bien méritée pour tout le travail ardu qu'a demandé à Selina, l'écriture de ce livre. Ce sera aussi un grand réconfort pour elle, de pouvoir partager avec les lecteurs les effets bienheureux de la spiritualité. Je me sens, à la fois, honorée et fière, d'avoir une filleule aussi exceptionnelle et je suis profondément heureuse d'écrire cet avant-propos pour son nouveau livre.

Khadro Crystal Chu Rinpoche
Le PDG du Temple Yun Lin

Remerciements

Ce livre est dédié à mon parrain, sa Sainteté Grand Maître et Professeur Thomas Yun Lin, le leader suprême du groupe religieux du Bouddhisme Tantrique Noir, de la quatrième étape. Son enseignement m'a donné l'idée d'écrire un livre sur le Feng Shui pour les enfants.

 Mon parrain a fait découvrir le Feng Shui de la Chine ancienne et les traditions populaires chinoises au monde occidental. Et c'est largement grâce à lui, que la connaissance du Feng Shui, s'est rapidement répandue.

Mon parrain m'a aussi enseigné que le Feng Shui et la religion sont séparés. J'avais toujours pensé que, pour pratiquer le Feng Shui, je devais être bouddhiste, mais ce n'est pas vrai.

Je voudrais aussi dédicacer ce livre à ma marraine Crystal Chu Rinpoche, qui est le PDG du Temple Yun Lin et le ministre en chef du groupe religieux du Bouddhisme Tantrique Noir. Elle m'a guidée tout au long du livre à chaque fois que j'en avais besoin. Elle est ma marraine depuis que j'ai quatre ans et on ne peut en avoir une meilleure. J'ai beaucoup de chance de les avoir tous les deux comme parrain et marraine pour me guider.

Je remercie spécialement ma tante Frances Li qui a illustré mon livre de très beaux dessins, vraiment adorables. Je remercie aussi Mary Hsu, qui a traduit les préfaces de mon parrain et de ma marraine en anglais ainsi que ma sœur et mon frère David Lee et Sony Lin qui mont aidée à taper la traduction chinoise. Je ne peux pas non plus oublier de remercier toute ma grande famille du temple qui s'est toujours bien occupée de moi et m'a aidée depuis mes premiers mois. Je remercie aussi Monsieur Honecker qui m'a aidé à réviser mon livre et mon professeur de français, Madame Marie-Jo François, qui a traduit la préface en français, et m'a aussi aidée à perfectionner la traduction de mon livre en français.

En dernier, je voudrais par-dessus tout, remercier mes parents qui m'ont encouragée à écrire ce livre. Ils m'ont procuré leur support et leurs conseils tout au long de ma vie.

Le Feng shui m'intéresse beaucoup ainsi que les traditions populaires .Ils expliquent ce que la science ne peut pas. Après avoir commencé à étudier le Feng Shui, j'ai été tout de suite capable de faire la différence entre ce qui était bon ou mauvais pour moi. J'ai pu reconnaître les couleurs qui convenaient le mieux à ma chambre et aussi trouver le meilleur emplacement pour mon lit.

Beaucoup d'enfants ne savent pas ce qu'est le Feng Shui et ne cherchent pas à savoir. Mais je pense que les enfants devraient l'étudier, de façon à être capable de remédier à leurs problèmes de tous les jours, et mener des vies plus heureuses et pleines de succès.

I. Introduction

II. Eléments du Feng Shui

III. Traditions Chinoises

I. Introduction

Le Feng Shui

Depuis le commencement des temps, les gens ont utilisé le Feng Shui, peut-être sans le savoir. Ils se sont servis de leur connaissance et de leur intuition pour créer un espace confortable et sûr, pour vivre et travailler. Par exemple, aux temps préhistoriques, les hommes habitaient dans des grottes parce qu'ils pensaient y être en sécurité. Ou peut-être, à une époque différente, les gens ont pensé qu'il était plus sûr de vivre dans les arbres parce qu'il y avait beaucoup d'animaux dangereux aux alentours. Peut-être ne croyez-vous pas au Feng Shui, mais vous l'utilisez naturellement quand vous faites le ménage et réarrangez votre chambre. Le Feng Shui est l'Art du Placement. En plaçant les meubles et les objets dans une certaine direction, et coin, vous vous sentez plus à l'aise et détendu quand vous êtes dans la pièce. En faisant cela, vous aidez le Chi, l'énergie de vie, à être plus douce et équilibrée.

Vous vous dites sans doute, « J'aime changer mes meubles de place, et réarranger ma pièce mais, qu'est-ce qu'il y a de spécial à ça ? Le Feng Shui a pris racine dans le folklore Chinois, donc pourquoi croire au Feng Shui? » La science, soit disant, peut tout expliquer. Mais Il y a beaucoup de choses que la science ne peut pas expliquer. Par exemple, il y a beaucoup de théories sur la formation de la Terre, mais aucune explication certaine. Selon une théorie scientifique, la Terre s'est formée quand le soleil fut entouré par des nuages de poussière qui ont commencé lentement à s'agréger en morceaux de plus en plus gros, formant ainsi des planètes. La théorie de Sa Sainteté le Grand Maitre Thomas Yun Lin, c'est que le Chi, l'énergie de vie, a créé la Terre. Et disons que vous venez d'aménager, mais votre pièce vous donne une sensation de malaise et vous ne savez pas quoi faire. Qu'est-ce que la science va dire pour vous aider? La science ne peut rien faire, mais le Feng Shui peut beaucoup! Il peut vous aider à rendre votre pièce plus confortable et faire disparaître toute sensation de malaise avec les remèdes. Je ne parle pas de remèdes de médecine, mais de remèdes transcendantaux.

Avant que nous commencions, il faut que je vous dise quel genre de Feng Shui vous allez étudier. Vous allez étudier le Feng Shui du groupe religieux du Bouddhisme Tantrique Noir, lequel mon parrain, Sa Sainteté Le Grand Maitre Thomas Yun Lin a établi. Ce genre de Feng Shui n'utilise pas de boussoles ni de cartes comme dans les écoles traditionnelles. Le Feng Shui BTB est un Feng Shui plus moderne qui utilise les technologies nouvelles et la médecine, tout en y intégrant une dimension spirituelle. Vous devez aussi savoir que même si vous allez découvrir des remèdes pour vous aider, vous devrez quand même travailler dur pour obtenir ce que vous voulez. Cela étant dit, commençons à découvrir le Feng Shui BTB.

Le « Chi » des gens

Le Chi, c'est l'énergie de la vie et il y a beaucoup de différents genres de Chi tel que Ciel, Terre, Environnement, le Chi de la société de votre pays, les hommes, le Chi de vos animaux familiers. La religion est centrée sur les croyances. Les gens parlent de leur dieu tel que Buddha, God, Jésus, Hashem, La Vierge Marie, Allah, etc., mais le Feng Shui est centré sur le Chi pas sur la religion.

Les personnes ont aussi un Chi. Il permet à leur cerveau de fonctionner très bien pendant un examen de math, il leur permet aussi de courir le plus vite possible dans une course, et de manger quand ils ont faim. Chaque personne a un différent genre de Chi et il y a beaucoup de genres de Chi. Le Chi donne aux personnes leurs personnalités. Vous pouvez apprendre beaucoup à leur sujet, juste en connaissant leur Chi. Pourquoi est-il si important d'avoir le bon Chi ? Pour avoir une vie remplie et équilibrée, vous devez d'abord avoir un « Chi » bien équilibré. Maintenant, on va apprendre les différents genres de Chi. Il y a un Chi qui n'est pas très bon, mais Sa Sainteté le Grand Maitre Thomas Yun Lin à enseigné quelques remèdes transcendantaux et faciles, pour vous aider à atteindre un meilleur Chi.

Le Chi Équilibré: Simplement en entendant le mot « équilibré » on peut en déduire, que c'est le meilleur Chi à avoir. Le Chi est très abondant dans les quatre membres permettant aux gens de se mouvoir et de réagir. Le Chi est aussi abondant dans le cerveau de telle sorte que les gens pensent très vite et clairement. Le Chi s'écoule doucement, ainsi tous les organes fonctionnent bien. Tout va bien physiquement et mentalement. Ces gens sont très contents et optimistes. Ils sont très agréables avec les autres. Parce que le Chi est abondant partout, ils font toujours ce qui est correct. Ils sont contents et en bonne santé.

Le Chi Bavard : En voyant le mot "bavard" vous avez sans doute déjà deviné de quel genre de Chi nous allons parler. Ces personnes sont, en général, aimables et aiment rencontrer des gens, mais elles sont aussi indiscrètes. Leur Chi coule normalement, mais quand elles parlent, leur Chi ne vas pas d'abord au cerveau avant qu'ils ne parlent, à cause de ça, ils peuvent transmettre une sensation inconfortable aux autres. Elles ont de bonnes intentions, mais elles ne pensent pas avant de parler. Par exemple, il y a beaucoup d'enfants qui parlent tout le temps en classe et les professeurs les grondent toujours.

Remède : Mettre une bague non métallique sous l'oreiller pendant neuf jours consécutifs. En suite la mettre à votre majeur.

Le Chi coincé : Est- ce que vous avez déjà remarqué un enfant assis seul dans le fond de la classe ? Ces enfants ne parlent jamais et restent seuls. Quand vous essayez de leur parler, ils évitent votre regard. Eh bien, ils ont sans doute un Chi coincé. Pour ces personnes, leur Chi est coincé dans la gorge et ne peut sortir. C'est pourquoi elles restent à l'écart des autres. Elles ne sont pas vraiment timides, mais elles n'aiment pas parler. Elles ont beaucoup de choses dans leur esprit mais elles ne savent pas comment les exprimer.

Remède : Au-dessus de votre lit ou votre bureau mettez un petit miroir rond sur le plafond juste au-dessus de votre tête pour attirer le Chi vers le haut, et il va s'écouler à travers votre gorge, vous permettant de parler.

Le Chi Rêveur: Quelquefois une personne est présente physiquement mais l'esprit est ailleurs. Par exemple, vous êtes au cours de math, mais vous rêvez de manger une glace et à ce moment-la le professeur vous interroge.

« Quelle est la réponse? »

« Quoi ? Quelle question ? «

Je parie que ça arrive souvent pendant les cours ! Quand le prof vous pose une question-clé votre Chi revient du rêve.

Remède: Obtenir trois flûtes de bambous et placez-les comme ça :

Il faut placer les flûtes entre le matelas et le sommier mais pas sur le sol.
Le haut de la flûte verticale doit être sous votre tête.

Porc-épic Chi : A l'école vous êtes presque sûr de trouver des durs. Tous les gens disent qu'ils s'attaquent aux plus petits qu'eux car ils manquent de confiance en eux. Ce qui est vrai, mais il y a quelque chose d'autre. Ils peuvent avoir un Chi porc-épic. Quand ils ouvrent la bouche, c'est pour vous dire quelque chose de méchant. Ils vous enfoncent des aiguilles avec leurs remarques.

Remède : Le remède est un exercice d'inspiration et d'expiration.

Respirez à fond, ensuite expirez en neuf fois, mais la neuvième doit être une longue expiration. Répétez ça neuf fois. Faites cet exercice trois fois par jour : au réveil, après le déjeuner et avant d'aller dormir. Faites ça pendant neuf ou vingt-sept jours consécutifs.

Bambou Chi : Est-ce que vous connaissez une personne très obstinée? Elle a sans doute un Chi de Bambou. Imaginons que vous allez chez une amie qui a ce Chi. Quand vous vous asseyez, elle vous demande

« Voudrais-tu de l'eau ou du soda ? »
« De l'eau, s'il te plait. »
« Es-tu sûre que tu ne veux pas de soda ? »
« Oui »
« Le soda est bien meilleur, tu sais ! »

Cette personne va commencer à essayer de vous convaincre de boire du soda. A la fin, cette amie abandonne et va dans la cuisine, mais elle va revenir avec un verre de soda au lieu d'un verre d'eau. Les gens avec ce Chi pensent qu'ils ont toujours raison et ils n'écoutent pas les conseils des autres. Ils ferment pratiquement leurs oreilles pour ne pas écouter ceux qui veulent les aider.

Remède : Le remède pour ce Chi, est le son. Dans votre chambre, placez quelque chose qui a un son doux et détendant comme un carillon ou une petite fontaine, mais pas de musique forte. Les sons de la nature sont les plus efficaces.

Le Chi Méfiant : Ce Chi est coincé dans la tête de la personne qui l'a. Elles se méfient de tout le monde autour d'elles et elles finiront par devenir paranoïaques. C'est comme votre ami qui pense que tout le monde le déteste et que l'on parle toujours de lui ou d'elle, ou elles sont toujours beaucoup trop dramatiques. C'est un très mauvais Chi !

Remède : Placer neuf somptueuses plantes dans votre chambre ou votre bureau. Elles n'ont pas besoin d'être grandes. On peut utiliser des petits bonsaïs mais elles doivent être vertes et saines.

Le Chi Déprimé: Cette personne est seule, et ne cherche pas à se faire d'amis, ou à faire quoi que ce soit. Quand vous lui parlez, et qu'elle vous répond, elle marmonne. Aussi ces personnes soupirent très souvent.

Remède : Le remède est d'avoir un aquarium dans la pièce. Le poisson nageant librement représente la vie et la mobilité. Cela convaincra l'enfant de participer à des activités et de bouger. Dans l'aquarium, il vaut mieux avoir neuf poissons, huit rouge/dorés et un noir.

Le Bagua

Le bagua est un octogone, et renferme beaucoup de secrets. Le bagua a son origine dans la Chine Ancienne à travers le livre philosophique I-Ching. Chaque trigramme a son propre sens. Il est important de connaître tous les trigrammes du Bagua de manière à pouvoir l'appliquer à votre environnement de vie et de travail Ainsi vous pourrez accroitre et apporter la chance à chaque aspect de votre vie, comme l'école, en améliorant chaque aspect de votre vie, vous aurez une vie plus équilibrée et saine.

Commençons par le coin en bas et à droite, en suivant le sens des aiguilles d'une montre.

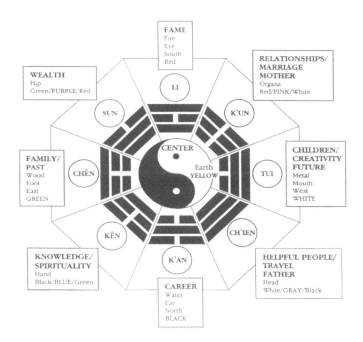

Ch'ien : Ah ! À l'école on vous a assigné un projet à faire en groupe mais vous êtes la seule à ne pas trouver de groupe. De retour à la maison, votre frère a un problème d'école avec ses notes, et votre père est lui-même dans une situation difficile. Que pouvez-vous faire pour les aider ? Eh bien ! Vous pouvez commencer par ajuster votre « Ch'ien trigramme » parce qu'il représente le père, le frère et aider les autres. Si vous avez besoin d'aide, vous pouvez ajuster ce coin aussi

Kan : Vous vous inquiétez pour votre avenir ? Ne craignez rien, le K'an trigramme est là ! Ce coin représente la carrière, qui, bien sûr est votre avenir. En ajustant ce coin, vous pouvez suivre la carrière que vous voulez et avoir du succès.

Ken : On non ! Vous avez de très mauvaises notes. Vous avez tellement étudié pour ce test, mais vous obtenez néanmoins de mauvaises notes. Peu importe, si vous étudiez beaucoup, les résultats restent les mêmes. Ne paniquez pas ! Ajustez seulement la position du Ken, il représente les connaissances et la culture.

Chen : Oh ! Ciel ! Pas encore ! Votre sœur et votre père se disputent encore et vous venez de vous fâcher avec votre mère. Cette famille est vraiment chaotique. Ce que vous devez faire, c'est seulement ajuster la position du Chen, car il représente la famille.

Sun : Vous voulez être riche ? C'est cette position que vous devez ajuster. Il ne devrait pas avoir de coins manquants dans cette position, dans la chambre et le bureau de vos parents. Sinon la famille souffrira financièrement.

Li : Vous rêvez du jour où vous serez finalement très célèbre ! Eh bien, je peux vous aider avec ça ! Vous n'avez qu'à ajuster la position du Li parce que c'est la position de la célébrité. N'oubliez pas que même si vous ajustez la position, vous devez encore travailler dur pour les bonnes intentions, sans ça vous serez impopulaire.

Kun : Votre sœur et votre mère n'ont pas beaucoup de chance ces jours-ci. Et elles ne savent pas quoi faire ! Je peux vous aider. Ajuster la position du Kun parce que c'est celle qui représente aussi les relations et le mariage, mais à votre âge, ce n'est pas important.

Tui : Ce trigramme est plus important pour vos parents car il représente les enfants et la progéniture.

Appliquer le Bagua à votre chambre

Comment appliquer le bagua à votre chambre ? Eh bien! C'est facile ! Ch'ien, K'an, Ken sont dans l'alignement de la porte, le côté droit de la ligne est Ch'ien, le gauche est Ken, le milieu est K'an. Une fois que vous savez placer ces trois trigrammes, vous pourrez placer les autres trigrammes. C'est pourquoi, dans le BTB Feng Shui, vous n'avez pas besoin de compas. A ce point, vous apprendrez les remèdes qui pourront vous aider, vous et les autres.

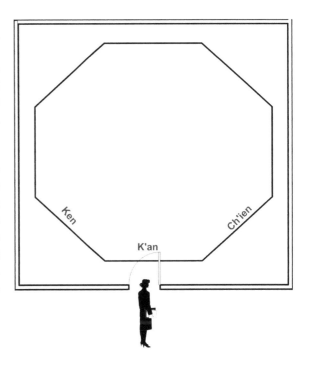

Regardez la position de votre Ken dans la chambre. Y-a-t-il du désordre, et le coin est-il utilisé pour le linge et le rangement ? Est-ce que vos notes baissent ? Ken est la position de la connaissance. Le coin ne devrait jamais être sale et en désordre ! C'est la même chose pour les autres positions ! Vous ne devriez avoir de désordre nulle part dans votre chambre. Cela affecterait vos positions, donc votre vie. Quand votre mère vous demande de ranger votre chambre, elle a raison !

Méthodes d'ajustement

Si vous avez des problèmes dans la vie, ou si vous voulez améliorer certains aspects de votre vie, à travers le Bagua, vous pouvez utiliser des ajustements très simples, c'est-à-dire en se servant de petits objets, pour changer et accroitre le trigramme, dans l'octogone. Ceci vous donnera une vie plus riche.

Vous pouvez utiliser :

1. La lumière, ou des objets qui reflètent la lumière, comme une boule de cristal. Au soleil, cette boule renverra toutes les couleurs de l'arc- en- ciel. Vous pouvez aussi utiliser des miroirs, des lampes et tout ce qui a rapport avec la lumière. En utilisant de nombreuses lumières brillantes, ça rendra le trigramme très brillant aussi, comme le deviendra l'aspect de votre vie, représenté par ce trigramme.

2. Avez-vous déjà entendu le tintement des carillons, ou d'autres bruits apaisants qui vous calment ? Eh bien,! Vous pouvez toujours ajouter ce bruit à votre pièce. Par exemple, vous pouvez suspendre un carillon dans votre chambre. Les sons réveilleront votre trigramme, et je ne veux pas dire ça , littéralement , mais , si quelqu'un est paresseux et a toujours l'esprit endormi, ça le réveillera et lui donnera plus de vitalité.

3. Vous sentez-vous proche de la nature ? Cet ajustement va vous plaire. Vous pouvez ajouter quelque chose, apportant de la vitalité à votre pièce. Par exemple , un aquarium ou des bonsais, ou d'autres petites plantes seront parfaits pour apporter de la force vitale. Ils représentent l'énergie et l'activité. C'est la position de K'an. En mettant des plantes, vous aurez plus de force pour travailler dur, et le courage de ne jamais abandonner quand vous vous trouverez dans une situation difficile.

4. Vous pensiez que quelque chose de très lourd, c'était une mauvaise chose car il vous fait plier sous le poids ! Eh bien, vous avez tort ! Le poids est l'un des petits ajustements faciles à exécuter .Vous pouvez utiliser un " Yu", ou même des pierres .Vous pouvez choisir d'autres pierres que celles du jardin ou de la nature .Vous pouvez acheter du christal, ou des pierres uniques par leur forme ou leur couleur. En ayant du poids dans la vie, vous ne vous laisserez pas aller à la dérive, sans but dans la vie. Par contre, si vous n'en avez pas, ce sera difficile pour vous de vous attacher et d'être déterminé à atteindre un but dans la vie.

5. C'est très facile d'ajuster les trigrammes, en ajoutant des couleurs et des décorations intéressantes. Vous pouvez choisir les couleurs de l'arc-en-ciel ou les six vraies couleurs : " OM MA NI PAD ME HUM ". Celles des cinq éléments sont aussi valables : Métal, Bois, Eau, Feu et Terre.

6. Aimez-vous voir les choses tourner ou s'écouler ? Eh bien ! vous devriez utiliser un mobile dans votre chambre. comme une fontaine et des moulins à vent miniatures.

7. Avez-vous déjà participé à un mariage traditionnel chinois ? A la fin de la cérémonie, ils utilisent des pétards qui symbolisent la chance. Donc, si vous voulez, vous pouvez en attacher plusieurs ensembles, comme sur cette illustration.

8. Mettez-les au-dessus de votre porte. Pourquoi utilise-t-on des pétards? C'est parce qu'ils ont le pouvoir de se propulser vers le haut, avec force. C'est une très bonne idée d'utiliser ces pétards dans votre trigramme, K'an. Cela fera avancer votre carrière vers des postes importants de responsabilité. Si vous préférez, vous pouvez utiliser des pointes de flèches et les mettre aussi au-dessus de la porte.

9. J'ai toujours aimé le bruit de l'eau. Je trouve cela apaisant, calmant. Beaucoup d'autres choses peuvent produire le même effet, comme les fontaines ou les chutes d'eau artificielles.

10. Si vous ne vous intéressez à rien, et que vous voulez connaitre d'autres ajustements faciles, vous pouvez utiliser des flûtes de bambou, des rideaux de perles et d'autres choses encore.

II Eléments du Feng Shui

Chambre ou salle d'étude

Donc tout le monde veut avoir une chambre parfaite, n'est-ce pas ? Eh bien ! Il y a beaucoup à faire pour avoir une chambre parfaite ! Le plus important, c'est d'avoir une pièce propre et organisée. Votre chambre doit être organisée. Vous ne devez pas laisser traîner de vêtements ni de livres par terre. Ces choses empêcheraient le flot d'énergie de s'écouler en douceur à travers la pièce. Imaginez par exemple que vous êtes un papillon. Vous êtes dans un champ de fleurs, mais alors au milieu du champ, il y a toutes ces mauvaises herbes poussant entre les fleurs, donnant l'impression d'un champ disproportionné et en désordre. Vous ne voulez pas non plus bloquer la bouche du Chi, qui est la porte. Le Chi entre par la Bouche du Chi et s'il y a un obstacle devant la porte, cela va déranger l'écoulement du Chi.

Papier de tapisserie et peinture

Avez-vous déjà pensé à peindre votre chambre ou à poser du papier-tapisserie ? Vous devriez connaître quelques faits à ce sujet avant de commencer.

Si vous voulez poser du papier, c'est mieux de choisir un papier plus doux. La raison, c'est que le papier représente votre peau. Voudriez-vous avoir une peau rêche et sèche ou plutôt douce et saine ? Ou peut-être, préférez-vous peindre votre pièce. Il y a une règle importante, plus la couleur est vive, mieux c'est. Quelques couleurs appropriées seraient vert clair, et bleu. Le vert clair représente le printemps et la jeunesse. Le vert représente les arbres et l'herbe et le bleu, l'océan, la mer, les lacs. Ces couleurs sont bonnes pour vous, parce qu'elles représentent toutes, la jeunesse, le mouvement, la vitalité.

Si vous avez déjà une couleur sur les murs, ce n'est pas un problème. Par exemple, le rose symbolise les relations, le violet l'argent, la richesse. Souvenez-vous de ne pas utiliser de couleurs foncées et lugubres. Si vous avez des posters sur le mur, ça va, mais faites attention de ne pas en avoir trop, sinon on ne verra plus le mur. Ce serait comme de recouvrir votre peau de matière gluante.

Lumière

Vous devriez avoir un très bon éclairage dans votre chambre. Une pièce sombre et lugubre, ne permet pas au flot d'énergie de s'écouler. Le Chi dans votre chambre sera lugubre et vous donnera une sensation déprimante. Si une ampoule craque vous devez la replacer immédiatement, parce que cela veut dire qu'une sorte de mauvais Chi est entré dans la chambre et a fait éclater l'ampoule et rendu la pièce plus sombre.

La taille de la pièce

Parlons de taille. Si votre pièce est si étroite que vous avez l'impression, qu'elle s'effondre sur vous, ou que vous êtes pris au piège, seulement dans ce cas, vous devez utiliser un remède, le remède est de recouvrir les murs de miroirs. Recouvrir un seul mur peut suffire quelquefois. Comment les miroirs vous aident-ils ? Ils donneront l'impression que la pièce est plus grande qu'elle n'est, en réalité.

La forme de la pièce

Une pièce carrée ou rectangulaire est ce qui est le mieux. D'avoir une chambre à la forme irrégulière n'est pas toujours bien. Comme vous pouvez le constater sur le diagramme en dessous, les deux coins du bas manquent. Ces deux coins représentent la connaissance, et l'assistance aux autres. Quand vous placez le bagua dans votre chambre, ces deux diagrammes seront absents. Prétendons que vous travaillez à un projet de groupe, mais vous ne pouvez, trouver de groupe. Ou peut-être vous étudiez sérieusement pour un test, mais vous obtenez toujours de mauvaises notes. A chaque fois que vous passez un examen, après avoir étudié très dur ou pas, vos notes restent toujours très basses.

Les poutres et les piliers

Est-ce que la tête vous fait mal très souvent ? Peut-être avez-vous des poutres qui pèsent sur votre corps, le poussant vers le bas. La pression vous donnera l'impression d'avoir quelque chose sur vous et que vous ne pouvez pas vous dégager. Cela paraitra lourd et pesant. Tout votre corps vous fera mal. Dès que vous vous réveillez le matin vous vous sentirez sans énergie et plein de douleurs.

Le remède est rapide, drôle et facile. Tout ce que vous devez faire, c'est entrelacer des fleurs artificielles ainsi que des feuillages autour des poutres, les fleurs et feuilles artificielles doivent être de couleurs vives. Celles qui ressemblent le plus à des fleurs naturelles sont les meilleures.

Ou peut-être avez-vous des piliers dans votre chambre ? Ce n'est pas bon pour vous non plus, parce que ça bloque l'espace et le Chi dans votre chambre. Imaginez que vous êtes le Chi. Imaginez-vous sortant de la bouche du Chi, avec force et soudainement, vous écrasant contre un pilier ! Cela serait plutôt douloureux, n'est-ce pas ?

Le remède pour les piliers est de recouvrir les quatre côtés de miroir. Si vous avez un pilier rond, vous pouvez l'entourer de peintures, rubans, fleurs artificielles etc. Vous devez seulement le décorer suffisamment pour en faire une œuvre d'art mais plus quelque chose qui empêche de Chi de s'écouler dans la pièce.

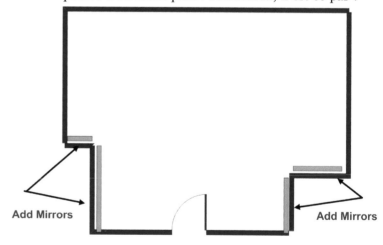

64

Position du lit et du bureau

« Pourquoi se préoccuper de la position de nos lits et de nos bureaux ? Ça n'a pas d'importance, » c'est ce que vous pensez, mais ce n'est pas vrai parce que vous passez environ huit heures à dormir, environ huit heures chez vous ou à votre bureau, et les autres huit heures à faire quelque chose d'autre. Comme vous le voyez, vous passez la plupart de votre journée dans votre chambre à dormir et à étudier.

La meilleure position pour votre lit et votre bureau c'est :
1. De votre lit ou votre bureau, vous devriez être capable de tout voir dans la pièce, sans tourner la tête. Un mauvais exemple serait de mettre le lit au milieu de votre chambre. Vous ne pourriez pas voir ce qui est derrière vous et vous devriez tourner la tête pour voir ce qu'il y a derrière. Vous seriez mal à l'aise si, au milieu de la nuit, vous entendriez quelque chose derrière votre lit. Vous seriez alors obligé de vous retourner pour voir. Vous auriez sans doute peur de dormir dans un lit au milieu de la chambre.
2. De votre lit ou bureau, vous devriez être capable de voir la « Bouche de Chi », qui est la porte. Sans ça, quand quelqu'un entre dans la chambre, vous pourriez avoir une attaque cardiaque, ne sachant pas qui est là.
3. Votre lit ou bureau ne devrait pas être directement en face de « Bouche de Chi » ou la porte, parce que, quand le Chi entre, il est très puissant et il se précipite comme le flot rapide d'une rivière. Imaginez-vous dans cette rivière. Vous seriez emporté par la force du courant.

Ces trois conditions représentent les règles de placement dans votre chambre. Les diagrammes suivants vous montrent la meilleure position pour placer le lit et le bureau. Ceci s'applique aussi au bureau de vos parents.

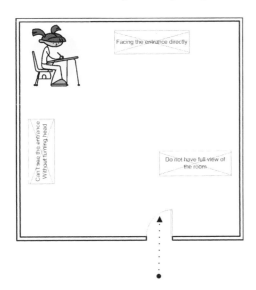

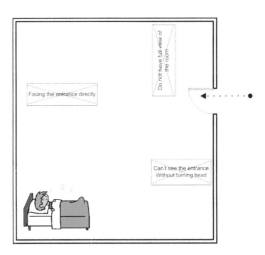

65

Les types de lit

Vous êtes- vous déjà demandés quel type de lit vous conviendrait mieux et quels lits vous devriez éviter.

1. Les matelas à ressort, sont corrects, ce sont les plus utilisés. Vous ne devriez pas mettre d'ustensiles de cuisine, de l'argent ou des chaussures sous le lit parce que « shoes » prononcé en Chinois veut dire « diable ». Le mieux serait de ne rien avoir du tout sous le lit.

2. Les lits avec tiroirs, sont aussi corrects mais vous devez y mettre seulement des vêtements et rien d'autre.

3. Un lit Murphy est un lit qui est rangé dans le mur. Ces lits ne sont pas confortables et les personnes qui y dorment, ne se sentent pas en sécurité, mais plutôt vulnérables. Elles seraient instables à l'école et auraient de mauvaises notes. Un lit Murphy pour un invité qui ne reste pas longtemps, peut être utilisé.

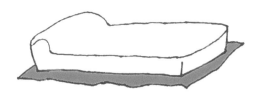

4. Les « Futons » sont très prisés de nos jours, mais ça ne veut pas dire qu'ils sont bons. Quelqu'un qui dort sur un futon, sera aussi vulnérable. En plus, le dormeur attrapera froid facilement parce que le lit est par terre. La personne est en contact direct avec le Chi du sol. Ça veut dire que le Chi de la mort ou Yin Chi peut la trouver facilement. Le remède pour ça, c'est de placer un morceau de tissu rouge sous le futon.

5. Les matelas d'eau sont, en général, très confortables et amusants, mais le Feng Shui n'est pas d'accord. Le dormeur peut attraper des maladies à cause de l'humidité ou il peut aussi se blesser la colonne vertébrale. Il n'aura pas de but dans la vie et il manquera de confiance en lui. Ce qui est bien au sujet du matelas d'eau, c'est que, si quelqu'un a trop de confiance et est un peu arrogant, vous pouvez le laisser dormir sur un matelas d'eau !

6. Les lits superposés ne sont pas si bons, même s'ils sont pratiques, si vous avez des frères et sœurs, et que vous dormez dans un dortoir. Normalement, les lits superposés sont faits pour deux personnes. Même si tout le monde préfère le lit du haut, je dois vous parler un peu de ce lit. Si vous dormez en haut, vous ne vous sentirez pas en sécurité, le lit est supporté par des piliers, mais vous aurez l'impression de dormir en l'air. A cause de ça, votre corps deviendra plus faible parce que sans support. Je sais que vous êtes encore enfants, mais vous devriez savoir que si vous dormez en haut, quand vous serez adulte votre carrière souffrira et vous devrez vaincre beaucoup d'obstacles et vous serez stressé. Ce n'est pas la peine d'acheter un billet de loterie parce que votre chance est en vacances. Maintenant, parlons d'une personne qui dort dans le lit du bas. Comme il y a quelqu'un

qui dort au dessus de vous et qu'il y a un matelas, ce serait difficile de soulever votre Chi et d'améliorer la situation. Comme le matelas est juste au-dessus de vous, ce sera, difficile de vaincre les problèmes. Si vous avez des lits superposés pour vous seule, vous devez dormir en bas parce qu'il y a moins de désavantage que de dormir en haut. Je vais maintenant vous donner le remède pour ces lits.

Le remède pour le lit du haut

Sur chaque pilier qui supporte le lit du haut, attachez une fleur artificielle rouge, violette ou rose, ne choisissez pas de fleurs jaunes ou blanches. Si vous préférez, vous pouvez mettre un grand morceau de tissu sous le matelas entier, du lit du haut. Si vous avez la sensation que votre lit est trop près du plafond et que ça vous gène, vous pouvez mettre un miroir, directement au-dessus de vous. Si vous n'aimez pas avoir un seul petit miroir, vous pouvez recouvrir tout le plafond et l'effet sera la même.

Remède pour le lit du bas

Mettez un miroir ou quelque chose de ressemblant sous le matelas du haut, pour attirer votre Chi dans cette direction.

Il y a une autre sorte de lits superposés qui ressemble à ça :

Ce type de lits superposés est le pire qui soit. Le remède est d'avoir quatre flûtes de bambou, et de nouer autour de chacune, une ficelle rouge. Sur chacun des quatre piliers qui supportent le lit du haut, attachez ces flûtes de bambou. Celle-ci représentent le support et agissent comme une épée pour éloigner le diable.

67

Informations importantes sur les lits

1. Il doit y avoir un bon support derrière la tête de lit pour qu'elle ne bouge ni ne tremble. Cela étant dit, il doit y avoir un mur derrière ou quelque chose qui supporte bien. Au moins un côté du lit devrait être contre mur. Si aucun des quatre côtés du lit, n'est appuyé au mur, le dormeur va ressentir un vide.

2. Si vous connaissez quelqu'un d'extrêmement motivé dans sa carrière et qui travaille très dur pour arriver au poste souhaité, cette personne devrait placer le lit à un angle, mais il doit dominer un coin. Le lit étant placé dans cet angle, la personne sera capable de contrôler toute situation, et d'atteindre de hauts postes comme PDG ou le Chi de direction, dans l'avenir.

3. Il est important de rappeler que rien ne devrait être sous le lit, comme de l'argent ou des ustensiles de cuisine, et spécialement pas de chaussures.

4. S'il y a une barre ou des barreaux tout autour du lit, le dormeur aura l'impression d'être emprisonné. A cause de votre âge, cela ne sera pas le cas pour vous, mais si vous avez des barreaux, enlevez-les. Vérifiez aussi le lit de vos parents et appliquez les mêmes règles.

III Traditions Chinoises

Comment étudier plus efficacement

Tapotement sur la Tête

Y a-t-il des jours ou vous n'avez pas les idées très claires, quand ça vous arrive, vous pouvez toujours utiliser vos ongles pour taper votre tête. Si vous trouvez la partie de votre crâne qui vous fait le plus mal, continuez à taper jusqu'à ce que vous vous sentiez bien.

Miroir Soleil-Lune

Il y a une autre chose que vous pouvez faire si vos idées ne sont pas claires, c'est le remède du miroir lune-soleil. Pour fabriquer un miroir lune-soleil, vous avez besoin, d'un petit miroir rond, sur les deux faces exposez un côté du miroir au soleil pendant 24 heures et exposer l'autre face à la lune pendant 24 heures aussi. Mettez un minuscule point sur une face pour vous aider à vous souvenir quel côté est le soleil et vice-versa. Une fois que vous l'avez fait, placez-le sous votre oreiller avec un mouchoir blanc tout neuf. Quand vous vous levez le matin, essuyez les deux côtés du miroir avec le mouchoir, 9 fois pendant 27 jours de suite. Pendant ce temps-là, vous devriez vous imaginer que vous êtes devenue plus intelligente et que vous pouvez être très bonne à l'école.

Neuf 日 (Soleil)

Etudier pour un examen qui va décider de votre futur ? Pas de problème. J'ai un bon remède pour vous ! Vous avez seulement besoin d'un stylo neuf à encre noire, d'un mouchoir blanc neuf, et d'un miroir soleil-lune. D'abord dessiner 9 carrés avec une ligne au milieu comme ça : 日

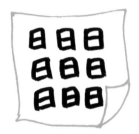

En Chinois, ce symbole représente le soleil. Pendant que vous dessinez ces symboles, imaginez-vous que vous réussissez très bien l'examen. Après ça, placez le miroir sous votre oreiller et dormez dessus. Chaque matin, juste quand vous vous réveillez, frotter le miroir neuf fois pendant neuf jours de suite. Le jour de l'examen, apportez le mouchoir avec vous.

Feuilletant le Livre

Vous ne pouvez suivre cette méthode ? En voici une autre que vous pouvez essayer. Cherchez votre cahier et ouvre-le à une page quelconque et étudiez cette page. Refaites le même exercice 9 fois pendant 27 jours de suite, cela vous apportera des résultats spéciaux et surprenants pour votre examen. N'oubliez pas que vous pouvez utiliser les 2 méthodes.

Souvenez-vous quand même que devez étudier très dur. Les remèdes n'auront d'efficacité que si vous travaillez beaucoup.

Les 5 éléments

Que sont les cinq éléments ?

Je suis sûre que vous avez tous entendu parler des 4 éléments : le vent, l'eau, le feu et la terre. Mais, savez-vous qu'il y avait, en fait, 5 éléments dans le Feng Shui. Les 5 éléments sont le métal, le bois, l'eau, le feu et la terre. C'est peut-être difficile à croire, mais vous avez tous ces éléments dans votre Chi. Vous avez trop de certains éléments, trop peu de quelques autres ou juste la bonne quantité de chaque.

Que représentent ces éléments ? Eh bien le métal représente la droiture, la vertu, le bois représente la bienveillance et l'humanité, l'eau représente la sagesse, le feu représente les convenances ou la courtoisie, la terre représente la fidélité.

Le métal : Trop de métal vous fait parler trop, c'est- à -dire sans arrêt, et les mots utilisés ne passent pas par le cerveau, mais sortent directement par la bouche. Vous avez une « grande bouche » Trop peu de métal vous rend silencieux et tous les mots resteront coincés dans votre gorge, la quantité adéquate de métal vous permettra de parler quand c'est nécessaire, mais les mots passeront d'abord par votre cerveau.

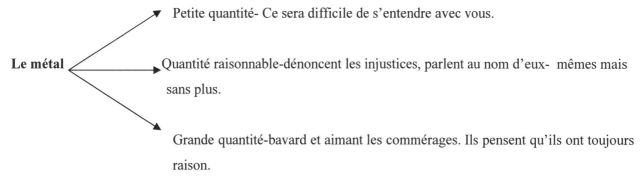

Le métal

Petite quantité- Ce sera difficile de s'entendre avec vous.

Quantité raisonnable-dénoncent les injustices, parlent au nom d'eux- mêmes mais sans plus.

Grande quantité-bavard et aimant les commérages. Ils pensent qu'ils ont toujours raison.

Le bois : Si vous avez trop de bois, vous êtes sûrement très têtu et vous devez arriver à vos fins coûte que coûte. D'avoir trop peu de bois est aussi mauvais. Vous n'avez pas votre propre opinion et vous êtes d'accord avec tout le monde. Si vous avez une quantité raisonnable de bois, ça veut dire que vous avez votre propre opinion et que vous réfléchissez avant de vous joindre à l'opinion des autres.

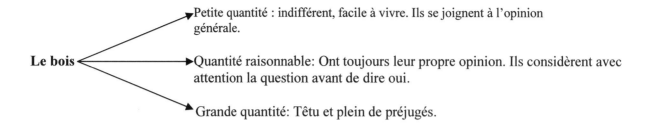

Le bois
- Petite quantité : indifférent, facile à vivre. Ils se joignent à l'opinion générale.
- Quantité raisonnable: Ont toujours leur propre opinion. Ils considèrent avec attention la question avant de dire oui.
- Grande quantité: Têtu et plein de préjugés.

L'eau : Il y a deux sortes d'eau
-L'eau statique représentant la sagesse.
-L'eau dynamique représentant votre vie sociale.

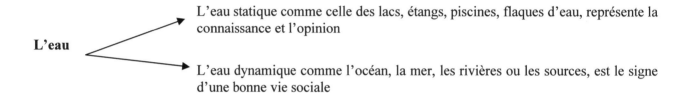

L'eau
- L'eau statique comme celle des lacs, étangs, piscines, flaques d'eau, représente la connaissance et l'opinion
- L'eau dynamique comme l'océan, la mer, les rivières ou les sources, est le signe d'une bonne vie sociale

Le feu : Si vous avez trop peu de feu, vous vous laissez faire. Vous avalez toutes les plaintes que l'on vous jette. Si vous en avez trop, c'est le contraire, vous vous mettez en colère à la moindre remarque, et vous avez mauvais caractère. Avoir trop de feu, c'est un peu comme un avoir un « Chi de Porc-épic ». Si vous avez une quantité raisonnable, vous ne laisserez personne profiter de vous et vous ferez savoir aux gens quand ils vont trop loin.

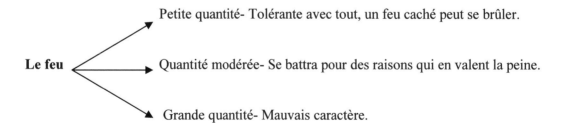

Le feu
- Petite quantité- Tolérante avec tout, un feu caché peut se brûler.
- Quantité modérée- Se battra pour des raisons qui en valent la peine.
- Grande quantité- Mauvais caractère.

La terre : Si vous avez trop peu de l'élément terre, vous serez très égoïste. Même quand vous savez que vous pouvez aider les gens, vous refusez. D'un autre côté, si vous en avez trop, vous vous sacrifiez vous-même pour les autres, peu importe le prix à payer de votre personne.

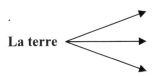

La terre
- Petite quantité-égoïste et qui se protège.
- Quantité modérée- s'occupe autant des autres que de lui-même.
- Grande quantité- Se sacrifie pour les autres.

Comment ajuster les cinq éléments?

Pour ajuster le **métal** : Mettez une bague non métallique sous le lit entre le matelas et le sommier pendant 9 jours de suite. Ensuite portez-la au majeur. Pour les garçons mettez la bague à la main gauche, mais pour renforcer le remède, mettez la bague à la main droite. Pour les filles, mettez la bague à la main droite, mais pour donner plus de force au remède, mettez la bague à la main gauche.

Pour ajuster **le bois**: Placer trois pots de plantes vertes très saines près de la porte de la chambre, du salon et de la porte d'entrée.

Pour ajuster **l'eau** :
-L'eau statique : Utilisez le remède du miroir lune-soleil comme à la page 14.
-L'eau dynamique : Contactez neuf personnes chaque jour pendant vingt-sept jours. La conversation ne devrait pas aborder de sujets personnels ou avoir de motifs ultérieurs.

Pour ajuster **le Feu** : Comme d'avoir trop de feu est presque l'équivalent d'un Chi de Porc-épic, le remède est le même. Prenez une grande inspiration et expirer en neuf fois très rapides, mais la neuvième doit être plus longue. Répétez cet exercice 9 fois. Faites cela trois fois par jour pendant neuf ou vingt-sept jours.

Pour ajuster **la Terre** : Mettre neuf petits cailloux dans un Yu (un vase bas à grande embouchure.) et ajouter de l'eau jusqu'aux trois quarts. Changez l'eau et exposez le bol au soleil chaque jour pendant neuf ou vingt-sept jours.

Les animaux

Je parie que tout le monde aime les animaux familiers, n'est-ce pas ? Mais saviez-vous que tous les animaux ne sont pas bons pour la famille ? Sa Sainteté Grand Maître et Professeur Thomas Yun Lin dit que les animaux favoris font partie aussi des animaux que vous rencontrez dans la vie courante.

Les chiens et chats sont généralement de bons animaux, même si les chiens sont plus fidèles que les chats. Eviter d'avoir des chats noirs avec les pattes et le poitrail blanc ou des chiens au poil doré. Si l'un des membres de votre famille est un chien, dans le zodiaque chinois, c'est mieux de ne pas avoir un autre chien car deux chiens en chinois se dit pleurer.

Les poissons ne sont pas nuisibles dans une maison. Le mieux, c'est d'en avoir neuf, huit rouges et un noir.

Les oiseaux sont bons parce qu'ils chantent des chansons joyeuses. D'avoir un hibou comme animal familier, ou même d'en voir un, n'est pas de bon augure parce qu'il symbolise la malchance. Le meilleur type d'oiseau, c'est celui qui peut imiter la voix humaine, comme le perroquet. Disons que vous vous promenez dehors et que vous voyez un corbeau ou une corneille, ce n'est pas un bon signe, ils apportent la malchance. Si vous voyez un oiseau rouge comme un cardinal, il symbolise la chance.

Les insectes effraient beaucoup de gens, mais ce n'est pas bien de se retenir d'adopter des insectes comme animal familier.

Les hamsters et les autres rongeurs sont connus pour être voleurs. Si vous en avez un, comme animal familier, vous donnez refuge et vous nourrissez un voleur. Bientôt, vous rencontrerez des problèmes de vol.

Les tortues sont des animaux familiers fantastiques parce qu'ils vivent très longtemps et ils symbolisent la longévité.

Si vous voyez un cerf, ils sont de bon augure, car ils sont doux et gentils. Si vous en voyez un, mort sur la route, c'est différent. Je vous montrerai comment éviter ce mauvais Chi plus tard.

Les signes de zodiaque Chinois les douze animaux

Connaître votre signe du zodiaque est très important. Il y a douze animaux. Il y a le rat, le bœuf, le tigre, le lapin, le dragon, le serpent, le cheval, le bélier, le singe le coq, le chien, et le cochon. Chaque année est représentée par un animal différent. Par exemple, cette année est l'année du cochon et l'année prochaine est l'année du rat. Ils vont par cycle de douze ans, l'année où vous êtes né détermine votre signe. Par exemple, comme je suis née en 1994, je suis un chien.

Vous êtes-vous demandé quel serait votre meilleur parti ? Par exemple comme mari, petit(e) ami(e), amis, collègues, ou chef. Eh bien, maintenant, je peux vous le dire.

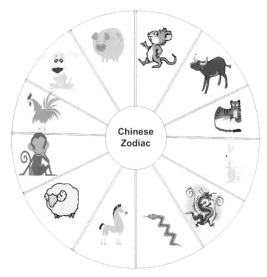

Les meilleurs relations sont entre	Les pires relations sont entre
Le bœuf et le rat	Le rat et le bélier
Le tigre et le cochon	Le bœuf et le cheval
Le chien et le lapin	Le tigre et le serpent
Le coq et le dragon	Le lapin et le dragon
Le singe et le serpent	Le chien et le coq
Le bélier et le cheval	Le singe et le cochon

N'oubliez pas que ce n'est pas parce que ces relations sont les meilleures que ça marche toujours et vice-versa.

Le remède le plus facile pour des relations harmonieuses, c'est de mettre les douze signes du zodiaque dans un trigramme, dans n'importe quel ordre. Par exemple, si vous avez une mauvaise relation avec l'un des membres de votre famille, accrochez les douze signes du zodiaque dans la position « Chen » (représentant la famille). Ou pour les parents qui ont des problèmes avec leur chef ou leur collègue, accrochez les signes dans la position Ch'ien représentant l'aide aux autres.

Si vos parents ont une mauvaise relation avec un partenaire dans les affaires, il y a un autre remède. Quand vous signez un contrat avec cette personne, signez avec la main gauche et repassez dessus avec la main droite. En signant le contrat, visualiser les dieux des cinq orages ou votre dieu. Quand arrive le moment de lui donner le contrat ou une copie, ne le lui donnez jamais directement. Ça doit passer par une troisième personne ou bien vous le laissez sur son bureau.

Si vous voulez vivre en sécurité et en harmonie chaque année vous pouvez porter l'animal qui va le mieux avec l'animal dont c'est l'année. Par exemple comme cette année est celle du cochon, vous pouvez porter un tigre. Ça peut-être un porte-bonheur ou un collier, mais vous devez le porter pour attirer la chance.

Les désastres naturels et signes naturels

Est-ce que la pluie représente les larmes d'un Dieu qui pleure ? Ou est-ce qu'un Volcan en éruption veut dire que, Peles, la déesse du feu, est en colère ? Vous allez bientôt avoir une réponse à vos questions.

Soleil et Lune

Le soleil et la lune qui se partagent le ciel, est inhabituel ! Comme vous avez appris en sciences, la raison pour laquelle vous ne pouvez pas voir la lune, dans la journée, c'est que la lumière du soleil la bloque, mais la lune est toujours là. Quand vous voyez ca, c'est que votre intelligence s'accroit, à l'école et même spirituellement. Je vais vous révéler un secret. A la seconde ou vous voyez la lune et le soleil en même temps, visualisez la lumière allant dans votre chambre ou votre salle d'études ou même allant près d'une personne malade, qui ne se sent pas bien. Cette image vous apportera la chance. Mais, souvenez-vous que vous avez seulement une seconde pour penser à quelque chose.

Grêle

Si vous entendez la grêle, vous pensez peut-être : « Pas d'école aujourd'hui ». C'est bien pour vous, n'est-ce pas ? En tout cas, c'est ce que vous pensez ! Le Fen Shui est raisonnable ! Si la grêle vous tombe sur la tête, ce n'est pas de bon augure. Vous serez malchanceux et de terribles choses arriveront à votre famille. Le premier remède est de rester à l'intérieur quand il grêle. Si vous allez dehors et que vous êtes touchés par la grêle, coupez neuf petits morceaux ronds de pelure d'orange et mettez-les dans l'eau de votre bain. Lavez-vous soigneusement, même le visage et les cheveux.

Nuage

Imaginez-vous en train de regarder le coucher du soleil et vous admirez tous les nuages multicolores. Ils sont tous de couleurs très particulières comme rose, violet, orange, et même rouge. Quelle est la signification de tous ces nuages ? Cela veut dire que vous êtes béni.

Arc-en-ciel

La pluie vient de s'arrêter, et vous voyez un magnifique arc-en-ciel. Qu'est-ce que ça veut dire ? En Feng Shui, la position de l'arc en ciel a des significations différentes.

En direction de l'ouest : Vous serez fier de ce que vos enfants viennent de faire. Mais, ce n'est pas important pour les enfants à leur âge.

Vers le Sud : Vous obtiendrez une promotion, au travail, ou vous deviendrez plus célèbre. Comme la direction précédente, cela affecte surtout les parents.

Vers le Nord : C'est de bon augure pour les enfants. Ce que vous rêvez de faire comme travail, plus tard, se réalisera. Mais, n'oubliez pas de travailler dur pour ça.

Vers le Sud-est n'est-ce pas le rêve de chaque enfant, de devenir riche ? De voir un arc-en-ciel dans la direction du Sud-est, vous fera accumuler beaucoup de richesse, mais pas maintenant. Si vous voyez ça plus tard, à l'âge adulte, ce sera plus efficace, bien sûr.

Vers le Sud-est, signe de chance en amour, mais, j'ai l'impression que ca vous intéressera davantage dans le futur.

Vers le Nord-ouest : Quelqu'un vous aidera en cas de difficulté, pendant un voyage.

Vers le Nord-est : Quand vous voyez un arc-en-ciel dans cette direction, votre intelligence augmente, mais souvenez-vous toujours de travailler dur. Pour les adultes, c'est signe de plus grand statut social.

Tremblement de terre

Vous entendez un grondement, et ensuite, tout se met à trembler. C'est un tremblement de terre. C'est évidemment un événement désastreux. C'est un signe de destruction de la famille, par exemple, le divorce de vos parents, ou un grand désordre dans toute la maison.

Peureuse ?

Protecteurs des Cinq Orages

Vos parents viennent de vous laisser seule à la maison pour sortir. Ils n'ont pas pris de baby-sitter cette fois-ci, car ils vous font confiance. Il est tard maintenant, vous êtes couchée, en train d'essayer de dormir, quand tout-à-coup, vous entendez des bruits bizarres. Votre cœur commence à battre de plus en plus fort.

Ou bien, vous êtes chez une amie qui habite tout près. Vous retournez à la maison à pied et vous devenez paranoïaque. Vous pensez que vous voyez des ombres et vous entendez des pas derrière vous, vous avez si peur, que vous paniquez et ne savez plus quoi faire !

Eh bien, heureusement qu'il y a quelque chose que vous pouvez faire, pour vous calmer.

D'abord, essayez de vous décontracter. Une fois que votre rythme cardiaque est redevenu normal, pensez que vous êtes entourée de cinq protecteurs ou dieux, et de votre guide spirituel. Si vous n'êtes pas bouddhiste, vous pouvez visualiser Jésus, si vous êtes juif, visualisez Hashem, si vous êtes musulman, visualisez Allah. Ensuite, récitez le mantra divin des cinq orages.

Wulei wulei bubu xiangshui

Shen chuan kaijia tou dai jinkway

Wu fong tai shang lou jun

Jiji ru lu ling

Une autre situation se présente, par exemple à l'école, ou peut-être dans la rue, quand un groupe de durs vous entoure. Vous allez vous faire battre si vous ne pensez pas à quelque chose rapidement. Tout ce que vous devez faire, c'est gratter votre cuir chevelu, neuf fois ou un multiple de neuf, comme dix-huit, ou vingt-sept. Pendant que vous faites ça, visualisez les cinq protecteurs de l'orage, arrivant rapidement pour vous libérer du groupe.

Si quelqu'un de votre famille va au tribunal ou participe à une réunion tumultueuse, ou à un long voyage, il peut utiliser les cinq protecteurs de l'orage. Cela l'aidera à rester en sécurité et à gagner sa cause.

Mudra pour Chasser le Mauvais

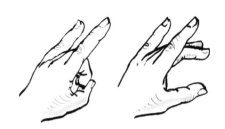

Imaginez-vous la nuit, en train de marcher dans la rue avec vos amis. Pendant que vous marchez, vous arrivez près d'un cimetière, quoi faire ? D'abord, vous devez apprendre le « Mudra pour Chasser le Mauvais» Pour commencer, prenez une main et pliez le majeur et l'annulaire vers le bas, pour toucher votre paume. Ensuite, placez le pouce sur les ongles des deux doigts pliés. Le petit doigt et l'index doivent rester droits. Claquez les doigts pliés contre le pouce, c'est ce qu'on appelle « Mudra pour Chasser le Mauvais» Retournons à notre histoire (Nous sommes près du cimetière.) En passant, faites l'exercice que nous venons de décrire, neuf fois, ou un multiple de neuf. A chaque fois que vous claquez les doigts, répétez « Om Ma Ni Pad Me Hum » Si c'est trop difficile pour vous, vous pouvez dire « Oh ! Money, pay me home ! » (Inventé par ma tante Dr. Lien de l'école dentaire de Harvard.) Si vous rencontrez n'importe quel animal, mort sur la route, alors ce n'est pas de bon augure, utilisez « Mudra pour Chasser le Mauvais»

Correction de la posture et accroissement de la taille

Ramassant les poissons au fond de la mer

Assieds-toi, le dos droit ! Votre mère vous dit toujours ça. Vous vous attendez presque à devoir lui faire un salut ! Une bonne posture est très importante parce-que vous ne voulez pas développer une scoliose en grandissant, n'est-ce pas ?

Tenez-vous debout avec les jambes écartées, de la largeur de vos épaules. Ancrez vos doigts de pied dans le sol. Doucement, mettez-vous sur la pointe des pieds et penchez-vous en avant. Serrez le ventre et les côtes. Bougez les bras comme si vous vouliez attraper quelque chose devant vous. Bougez les mains alternativement. Assurez-vous d'attraper le plus loin

possible devant vous. Pendant que vous faites cet exercice, visualisez votre colonne vertébrale qui se redresse d'elle-même, Exécutez l'exercice neuf fois. Une prise de la main droite et de la main gauche compte pour une fois. Faites ça une fois par jour pendant vingt-sept jours à la suite.

Prenant la lune du ciel

Pour accroître la taille, faites le même exercice pour attraper vers le haut cette fois, et représentez-vous en train de grandir vers le haut. Vos jointures et vos os tremblent car ils sont en train de s'allonger. Faites l'exercice neuf fois. Une prise de la main droite et de la main gauche compte pour une fois. Soyez sûre de faire ça, une fois par jour pendant vingt-sept jours consécutifs.

風水妙用

報告給 聰慧天真無邪的兒童
和 最關心他们怎樣能讀好書的父母。

丁亥中秋
寺禪林雲云題

序

密宗黑宗第四階段中原法王 林雲大師

我學了，也研究過，也教了，六十多年風水，今年已經七十六歲了。但，我從來也沒有看到一個才十三歲，出生在美國的小女生，竟然，能寫給兒童看的，實用的風水書。而且，計劃是用英、法、中，三種語言出版。

作者鄭晏如是最聽話，也最關懷我這個孤獨老人的兩位乾女兒之一，另外一個是世界級的名芭蕾舞者譚元元（Yuan-Yuan Tan）。晏如（Selina Crystal L. Jan）從七八歲起就跟著爸爸媽媽聽我講課，從哈佛，MIT，Wesley，到Columbia，Princeton，一直到 2007 年，她十三歲了，最近，她乾媽空行母朱筧立仁波切和我在聯合國風水菁英雅集所辦的演講（2007 年 8 月 23 日、24 日），她都隨堂記筆記，她是一個好學不倦，智慧超凡的，文武全才的後起之秀。作者家學淵源，父親明德（Steve Jan）也是風水名家，他的兩本風水著作，至今，還膾炙人口。母親，鄭美玲（MaiLin Jan），是美國花旗銀行的紐約本行高級資深的 VP 行員，是個好母親，好妻子，大慈大悲的善人，相夫教女自有一套，對晏如的影響最深。

晏如這本書我仔細翻閱了三次，我發現，不但對兒童有說不完的益處，就是對兒童的父母，也有莫大的助益。

晏如這本書的架構特別合乎現代邏輯，她開門見山先點題，介紹何謂風水，再分析各式各樣的，非常有趣而且有價值的「氣」。然後，再從易經的八卦開始，談如何認定你房子、屋子的卦位，一目了然，比我講的還清楚。

接著，書中又告訴讀者，臥房和書房，從壁紙的質料、顏色、軟硬、屋子的光度、及房間大小的形狀、還有屋內有無樑柱的問題、和「珍貴」的「化解」之道。　最有價值，也最重要的就是書桌，床位，如何擺好，才能使得小朋友們「讀得好」書，「睡得好」覺。使可愛的、天真無邪的兒童們，個個都頭腦清新，身心康健。其實，做父母的，如果也仔細看看這本小冊子，也會有意想不到的「生氣蓬勃」的好處。

最後，作者晏如除了介紹各式、各種、各樣床的種類以外，還進一步再把密宗黑教風水觀中，「不共傳」之「五行生剋」「用在氣上」的分析法，及調整訣竅，破例「公開」告訴大家。

接著，晏如又以她的大慈大悲的愛心，談到寵物應如何關懷與愛護，及分析十二生肖鼠、牛、虎、兔、龍、蛇、馬、羊、猴、雞、狗、豬。彼此之或好或壞、相合、相沖、相犯的關係，再加上如何破解之「密中密」的密法。

作者很巧妙地以大自然的一切「異象」，如：日月同天或者彩虹出現，或有流星失落，日暈月暈，都深入淺出地分析其中的奧妙。

自然之任何跡象，無論是風雪、雹、雨露、冰霜，或是地震、火山爆發、土石流、龍捲風，都在作者聰慧的腦海裡思來想去。尤其最後她還忘不了她的寵物貓呀！狗呀！魚呀！烏龜呀…！

至於人體要如何站立，臉上要笑容可掬，骨架講究，如何站、仰、臥、走動才有益我們。

　　最後的最後，她這個以慈悲爲懷，好心腸的小鬼精靈，還將「不共傳」的「海底撈魚」術和「向天撈月」術，兩大「密中密」，很大方地公開告訴各位讀者，希望讀者諸君身心康健，家庭幸福。才十三歲的作者晏如能夠有這麼大的貢獻，所以我很高興給她寫序。

序

密宗黑宗第四階段總持　空行母朱筧立仁波切

　　看到與我最親近的乾女兒鄭晏如小妹妹，已將新書寫成，真為她感到欣喜與驕傲。晏如聰明靈巧，是個非常有佛緣的小女孩，她的父母鄭明德、鄭美玲夫婦是我們的好朋友、好同修。從小晏如跟著父母參加我們密宗黑教在紐約及東岸幾乎是所有的活動，包括上乾爹林雲大師的密集班、聽演講、看風水、祈福、喜慶、謝師宴等等，也跟著我們旅遊世界各地，歐洲、台北、日本、印度、尼泊爾、及美國許多城市。小小年紀，跟著乾爹林雲大師的閱歷，是許多大師的學生弟子們望塵莫及的，也因此與我們建立了深厚的感情。在她小小的心靈中，一切的參與，都是理所當然的，乾爹的教導訓示，也都是要絕對服從的。

　　看著晏如的成長，才驚覺時光的飛逝。上初中後的她，儼然是一個小知識份子，上乾爹的課也聽得懂多了，遵從乾爹的指示，開始認真地記筆記。才兩年，她已經可以將筆記整理出書，將所學到的中國哲學、風水、及民俗文化，來與其他小朋友一起分享，因為這是學校裡學不到的寶貴知識。難能可貴的是她以三種語言中、英、法來寫，她的語言長才展現了她不平凡的學習能力與耐力。

　　「風水」這門中國古老但有高度智慧的學問，是探究生活環境對我們的影響，生活環境包括居住與工作的環境，影響更是廣及人生各方面，包括健康、事業、家庭、婚姻、名祿、錢財、子女、學識、貴人、人際關係、拆除、建造、遷徙、入屋、喜慶、喪葬等等。由此可見，風水與我們的生活息息相關，風水的好壞也影響甚鉅。但是風水這門學問的精深之處，在於它也提供了解決之道，除了解決不良風水的問題，去除將會發生的壞影響，也可藉由風水的調整或祈福來增進我們的需求與福祉。

　　「風水」在中國民間的普遍應用，已有幾千年之久。由於歷史久遠，自會發展出各家各派不同的風水理論，派別不同，理論、技巧、工器、應用、及解決方法也都各有差異，當然效果也會大不同。鄭晏如小妹妹的乾爹林雲大師，是世界上首屈一指的風水權威，他擷取傳統風水的精華，並將從師所學的風水知識，及自己獨創的理論，發展出適合現代人生活的密宗黑教風水學派。三十年前，林雲大師來美講學，並應邀至世界各地演講上課，遍及歐、美、亞、非、澳五大洲，將密宗黑教風水學派傳至西方，引起廣大的注意與迴響。風水一門學問能在西方盛行，大師首居其功。

　　晏如的「風水」小書，即是根據密宗黑教風水學派的理論而寫。她先將氣的理論介紹給讀者，「氣」是真吾，是一個人的生命力，個人的氣會受到天氣、地氣、國家的氣、社會的氣、環境的氣、他人的氣等等的影響，風水所談即是環境的氣，所以調整風水就是調整環境的氣，使生活其中居住者的氣得以舒順，健康、運氣等等也就可以提升。

　　小作者有條理的介紹了密宗黑教的八卦及其代表意義，八卦在房間裡的位置，以及藉卦位調整風水的「些子法」。再進一步的教給小朋友及家長們，臥房及書房的風水如何設定，各種不同床的利弊，床和書桌在房間裡的正確位置，如何選擇房間的燈光、壁紙、顏色，以及房間裡有樑和柱子的解法。在下一章裡，她介紹了「人的五行」

87

及出世解法。每個人都具有金、木、水、火、土五種元素,每一種元素代表了不同的個性特質,五行的調整可以增進一個人的平衡與和諧。她還介紹了一些寵物的代表意義,中國民俗裡的十二生肖,自然景象的吉凶顯示,並且教給小朋友們四個珍貴密法來增進讀書的效果,在害怕時,應如何持唸「五雷咒」來壯膽保護自己。最後,她特別教給小朋友們如何矯正姿勢及如何增高的寶貴密法。

晏如以十三歲的年紀,還有著一顆天真童稚的心,竟能將中國古老深不可測的知識,以輕鬆可愛的筆法寫出來,真是一個卓越的成就,也由此看出她是一個聰明、好學、智商高、領悟力強的孩子。希望有緣的小朋友及家長們,讀了此書,能夠按照書中所教的方法去做,一定會體驗到不可思議的神奇效果,也就可以安慰晏如寫書的努力及她所懷法益均霑的善心了。有這麼一個優秀的乾女兒,我覺得既光榮又驕傲,是以樂為之序。

<h1>自序</h1>

鄭曼如

本書謹獻給我最敬愛的乾爹一密宗黑教第四階段中原法王林雲大師,謝謝他支持和鼓勵我完成這本"風水妙用"。我的乾爹林雲大師把中華文化中的風水思想和風俗文化帶到了歐美西方世界,並且讓廣大群眾接受,造福了許多許多的人,也算助了我的家人。我也發現我乾爹創立的這一派密宗黑教風水觀,充滿了科學知識。他尊重任何宗教,也尊重任何風水派別,但是,風水是風水,宗教是宗教。

本書也獻給我最親愛的乾媽空行母朱覓立仁波切,身為密宗黑教第四階段總持的她,在百忙之中,仍然引導我完成這書,從我四歲拜乾媽以來,她一直是我心目中全世界最好的乾媽。能有如此偉大的乾爹和乾媽教導,關愛著我,我覺得非常地有福氣。

我也特別感謝黎秋吟阿姨,幫我畫許多精美的插畫,也謝謝許燧翔姊姊幫我把乾爹乾媽的序翻成英文,也謝謝李怡昌乾爹和林松儀乾姊,幫我做中文翻譯。

我也趁這個不絕會謝謝所有雲林禪寺禪院"大家庭"的家人,他們對我的照顧及關牽。同時我也很謝謝我的老師-Mr. Honecker,幫我校對這本書,也謝謝我的法文老師-Madame Marie-Jo Francois,將乾爹乾媽的序翻成法文並校正本書的法文。

最後,我必須謝謝我的父母對我的教誨,督促我寫這本書,也感謝他們一直以來提供給我的支持和輔導。

自己本身很喜歡風水和民俗學,它們幫我解釋了很多自然科學上無法解釋的問題。更重要的是,在我學風水之後,我也明白什麼是對的,什麼是錯的,也知道了我家中的牆的顏色好壞或者床,書桌對我的影響。

很多像我一樣的小孩子都不知道風水是什麼,甚至連去哪學都不知道,可是,我覺得得小孩應該也該有機會學到風水和出世解,創造更快樂更成功的人生。

目　錄

四、　　十二生肖
五、　　自然景象及寓意
　　　·日月同天
　　　·冰雹
　　　·彩虹
　　　·地震
六、　　膽小、害怕的解法
　　　·五雷護身咒
　　　·驅逐性手印
七、　　站姿、坐姿及長高術
　　　·海底撈魚術
　　　　向天撈月術

第一章 啟蒙

一、風水

　　很久以前，我們就已經在不自覺中使用風水了。我們用我們當時的知識和靈感來建造最安全、最舒服、最適合我們住的環境。例如，在古老時代，人類選擇住在山洞裡，因為當時的人類為了躲避危險的野獸，覺得山洞是最安全也是最好的居住地方，而選擇了山洞。再後來，因為危險的野獸都在地面上，所以人類開始覺得住在樹上是最安全的，而搬到樹上。

　　或許你不相信風水，但是在你清掃或整理房間時，你其實已經自然而然地用到風水了。風水是一門「擺設的藝術」，當你運用風水的知識，試著把家裡的傢俱、裝飾換個方向、移個位置時，你會感覺到更舒適、更輕鬆自在；同時你也改善了房間裡的「氣」，也就是生命的能量，讓房間裡的氣更順暢、更平衡了。

　　也許你會好奇地問：「我不時就會想換換家裡的擺設和裝潢，那怎麼說？而且風水不就只是一個民俗信仰嗎？為什麼要相信它呢？」沒錯，科學應該要可以解釋所有的事物，但是卻有太多的事情是科學無法說明的。譬如說，關於地球的形成，科學家有許許多多的理論，但卻無法找到一個肯定的答案，根據其中的一個科學理論，當時太陽是被一團氣體和原子所包圍，在這些物質不斷的碰撞和結合後，就形成了各種不成的星球，但在這個廣為接受的理論中，也有著許多科學家至今無法解釋的現象。根據林雲大師的理論，地球的產生是因為「氣」，也就是生命的能量所造成的。

　　假設你剛搬家，但是你的新房間卻給你一種很不好的感覺，你也無從下手去改進它。這種情況科學能怎麼幫助你呢？科學的確不能，但風水可以。風水能讓你的房間變得更舒適，同時也可以「解」除房間裡給人不好的感覺。我在這指的不是醫學或藥物上的「解」決方法，而是佛門密宗黑教的「出世解」。

　　在你開始學「出世解」之前，我要先講解一下你即將學到的風水學派－「佛門密宗黑教風水觀」。佛門密宗黑教風水觀是由密宗黑教第四階段中原法王林雲大師所創立的，它有別於其它傳統風水派系，因為密宗黑教風水觀不使用羅盤、地圖等工具，而是一個更現代、融合新的科技和醫學且包涵靈學的一種風水觀。在你得到了密宗黑教出世解的幫助之後，也別忘了要更努力、精進。接下來，讓我們一起來學密宗黑教的風水觀吧。

二、人體氣之分類

　　氣，是一種生命的能量，在世界上有很多不同的氣，像是天氣、地氣、人氣、環境的氣、國家社會的氣、寵物的氣；而宗教是談信仰，是那個神、那個佛、耶穌、瑪麗亞、阿拉、耶和華、道祖、佛祖……。

　　人也有人氣，它帶動你的頭腦思考，讓你完成你的數學考試，讓你在賽跑的時侯跑出最快的速度，也帶動你吃好吃的食物。每一個人都有不同的氣，而林雲大師也歸納出許多不同類型的氣，創造出我們每個人獨特的個性、人格，由一個人的氣來觀察他可以讓我們更瞭解這個人。為什麼擁有「好」的氣是很重要的呢？因為有好的、均衡的「上乘之氣」，一個人才能有一個美好的人生。現在，讓我們一起來學不同的氣吧！雖然有些類型的氣不能算是好的，但我也將會告訴你能夠調整你的氣的「出世解」，希望可以幫助你改善自己的氣。

　　上乘之氣：從字面上我們就可以知道這是最佳的氣。這種類型的氣的人，氣充滿了全身和四肢，讓他們的動作迅速、反應靈敏。因為氣充滿了頭腦，所以他們的頭腦清晰、思路敏銳，更由於氣在身體的各器官裡很順暢地流動，所以他們的身體也很健康。因為他們從生理到心理都很健全，所以這些人也都很樂觀、快樂，對人和善，凡事都能做出對的決定，同時擁有健康和快樂，就是我們所說的「上乘之氣」。

　　滔滔不絕的氣：由名字我們就可以得知這類型的人的特質－很熱心、友善、外向，但是有時也太好管閒事了。平常，他們的氣很正常的在體內流動，可是一旦開始說話，氣不經過大腦就開始帶著唇舌說話，有時就會讓人感覺不舒服甚至難過，這些人雖然可能心地很善良，可是說話時常不經大腦。好比在學校裡，有些同學總是愛上課講話，也總是挨老師的罵。

　　解法：在枕頭底下放一只非金屬材質的戒指，連續睡九天之後，戴在自己的中指上。

欲言又止的氣：你有見過很孤單地坐在教室角落的同學嗎？他們很少說話，就算有人找他們聊天，他們也會吞吞吐吐地不想講話。這種人很可能就有著「欲言又止」氣的，他們的氣總是堵在喉嚨，沒辦法說話，所以他們總是同學中最低調、最沉默的那幾個。他們可能並不一定是害羞或是不愛說話，只是他們的想法太多了，多到他們不知道如何說出口。

解法：在床上或書桌的天花板上，正對著你的頭的位置，貼一面圓型的小鏡子，這會幫助你提昇你的氣，好讓你的氣能順利地通過喉嚨流到頭腦。既然氣已經被提昇，不再堵在喉嚨了，那你也開始能夠說話了。

心不在焉的氣－人在氣不在的氣：有時侯一個人明明在你眼前，可是他的氣卻在別的地方。譬如說你在數學課上，正在想著好吃的冰淇淋的時侯，老師突然問你說「答案是什麼？」，你只能很驚慌地回老師「什麼？哪一題啊？」我想這個應該常常在課堂上發生，只有在老師問你問題的時侯，你的氣才突然回到身體裡。不管你在想什麼，你的氣不在身體裡，而是在你想的地方。

解法：在你的床墊下以「人」字型擺著三支簫，不是擺在地上，而且正中的那一隻簫的前端要放在你的頭的位置。

刺蝟型的氣：在學校裡，一定有很愛欺負人的壞蛋。大家可能都會說他們只是因爲缺乏自信所以愛欺負人，但同時也有別的原因－他們可能有「刺蝟型」的氣。這類型的人平時不愛說話，可是一開口就容易批評和中傷別人，這種喜歡講話帶「刺」來刺傷別人的氣，就是所謂的「刺蝟型」的氣。

解法：應練「吐納術」，深呼吸一口氣，然後分九小口氣吐完，第九口氣吐的時侯要長吐，把氣吐盡爲止。這樣連做九次。每天應該練三次，早上起來做一次，中午吃完午餐做一次，晚上睡覺前再做一次，連做九天或二十七天。

竹節型的氣：你身邊有很固執的同學嗎？他們很有可能就是「竹節型」的氣。假設你到了一個有竹節型的氣的同學家，坐下之後他問你「要不要喝水或是可樂？」你回他說「給我水就好。」他會再問你「你真的不要喝可樂嗎？」你再回「對。」他會說「可是可樂比較好喝啊…」然後繼續試著說服你改喝可樂，最後他嘴上說拿水給你，但進了廚房後，還是拿了一罐可樂給你。有竹節型的氣的人會覺得他們都是對的，所以聽不進去別人說的話或是給的建議，就算你想幫他，他也會一直把耳朵關起來，不讓你幫。

解法：要用「聲音」來解這類型的氣。可以在你的房間裡，製造一些令人舒服的聲音，像是放一個銅風鈴或是一個小的噴水池，但是切記別放太吵雜的音樂。最好解法是用自然的聲音，或基督教的聖詩歌誦，或是佛教的助念團唱誦的佛號。

精神病前期型的氣：這類型的人的氣總是堵在頭腦裡，他們愛懷疑東懷疑西的，最後就得了精神病。就像你有一個同學總是喜歡懷疑別的同學是不是在背後講他壞話或是討厭他，或是常常很神經質地反應過度。精神病前期型的氣是非常不好的一種氣。

解法：在房間裡或書房裡放九盆綠色的植物。不用太大，可以是九盆很可愛的小盆栽，但是注意一定要是綠意盎然且充滿生氣的。

沮喪型的氣：這種人很孤單，不愛交朋友也不喜歡做任何事情，當你跟他說話的時侯，他總是含糊不清地帶過，或是常唉聲嘆氣的。

解法：可以在房間裡放一個魚缸和魚，魚兒自由自在地游，象徵生命力和活力，這會慢慢讓你多去外面走走或參加活動。魚缸裡最好有九條魚－八條紅色及一條黑色的魚。

三、八卦是什麼？

八卦形作八角，其中包涵很多神秘性的意義，這些，都是源於中國最古老的一本思想哲學的書，叫做易經。八卦的每一個卦位都有它自己獨特的象徵和意義，而瞭解八卦的每一個卦位才能改善你的居住環境，進而調整生命中你想要調整的地方，如學業…等，然後擁有一個很美好、健康的人生。接著，我們從右下角開始，順時鐘方向來講解、運用每一個卦位。

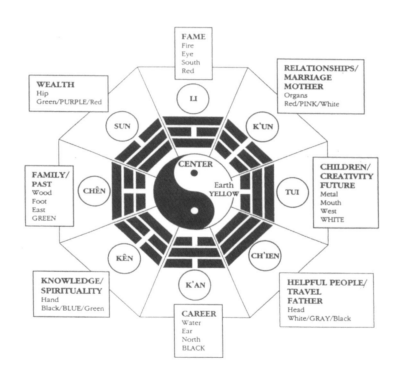

乾卦：你在學校有一個小組報告，可是只有你一個人，找不到組員；回到家裡，你的哥哥在學校成績不佳，爸爸的工作也遇到了問題，那該怎麼辦呢？你可以試著調整家中的乾位，因為它代表了父兄及貴人，所以如果你遇到問題，需要別人的幫助時，也可以調整家中或房中的這個角落。至於乾卦在家裡或房間裡什麼地方呢？請詳見後頁的「開門三卦」。

坎卦：擔心未來嗎？不用怕，坎位這個角落代表事業，也就是你的未來，調整此卦，你就可以找到你以後想要做的事業，並且在自己的領域裡出人頭地。

　　艮卦：你的成績很差嗎？你唸得很辛苦，考試出來還是很慘，就算你怎麼讀，成績還是沒進步…，別怕，你只要調整好代表著學識和修養的艮位就可以了。

　　震卦：真是禍不單行，你姐姐和爸爸又在吵了，而且你也跟你媽媽爭別的事情，全家都雞犬不寧的，沒關係，調整好代表家庭的震位吧。

　　巽卦：想要調財運就要調整巽位，你的父母的房間和辦公室也千萬不能在巽位有缺角，要是妳或父母財運不好的時侯，趕快在巽卦卦位的牆上掛水晶球或一支簫或一面凸鏡。

　　離卦：你一直夢想著要出名，我可以幫你。你只要調整好代表名祿的離位就可以了，但是要注意，就算你把離位調整得很好，你還是必須努力，並有善心，否則到頭來變成臭名。

　　坤卦：最近你的媽媽和姐姐都很倒楣，怎麼辦呢？沒關係，只要調整你家中的坤位，就可以幫助它所代表的母姊了。同時，它也代表婚姻，不過你年紀還小，這個對你來說還不重要。

　　兌卦：這個卦位現在對你而言還不重要，因為它代表著兒女、晚輩，不過你的父母，可以調整他們房間的兌位，來幫助孩子。

房間內的八卦應用

　　我們知道了八卦的意義後，要怎麼應用到房間上呢？很簡單，乾、坎、艮這三卦叫做「開門三卦」，想像在房間大門的那面牆上有一條線，中間就是坎卦，而右邊就是乾卦，左邊就是艮卦；接下來，你將會學到如何調整風水和做出世解來幫助自己趨吉避邪。如果，你知道了這開門三卦，你就推算得出，其他五個卦位的正確位置，所以用「密宗黑教風水觀」來斟察風水時，也不必帶著羅盤。

　　看看你房間的艮位，是不是又雜又亂，而且堆了一堆東西或是髒衣服？同時，你的成績是不是也在退步呢？艮位代表著你的學識，千萬不可以髒亂不堪。其它的卦位也是如此，所以你的房間不該有任何一個地方是髒亂的，否則將會影響到你的生活。那下一次媽媽要你收拾房間時，記得要聽媽媽的話喔！

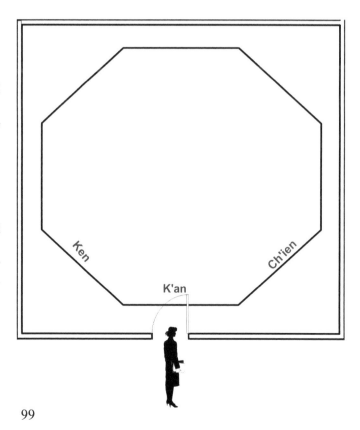

風水的調整方法

如果你最近有麻煩或是不順利的話，或是你想用八卦來讓你的人生更美好，你可以用密宗黑教的「些子法」。「些子法」就是在房間裡加設一些小東西，來調整你想要調整和加強的卦位，你可以用下面幾種方法：

一、　光：你可以使用會發光的物品或是有反射功能的東西（如水晶球），來調整你的卦位，水晶球在太陽光底下可以反射出七彩的彩虹光芒。你也可以使用鏡子、燈或其它與亮光有關的東西。調整後，你會讓你想調整的卦位非常明亮，同時也讓你的人生光明了。例如你可以在「乾」位掛一顆水晶球，那你就可以在需要幫助的時侯遇到貴人了。

二、　聲音：風鈴或其它悅耳的聲音可以讓你的心情舒緩，那當然，我們可以在房間裡加些聲音來調整風水。像是在房間裡掛一個銅風鈴，那當你去搖風鈴的時侯，它的聲音可以讓你清醒，我並不是指它會叫你起床，而是要讓意志懶散、昏昏迷迷的人，頭腦清醒、生活更有精神。

三、　生命力：你喜歡大自然嗎？如果你喜歡的話，那也會很喜歡這個調整法。你可以在房間裡加有生氣或有生命力的東西，如魚缸、盆栽或其它小的植動物。生命力代表著活力或能量，像是在「坎」位加幾盆植物，就會給你在事業和工作上的活力，在你有困難的時侯也能全力克服。

四、　重量：你是不是覺得用重量來調整會把你的運氣整個向下壓住呢？其實是不對的，重量也是一種「些子法」，你可以用「盂」（下文會介紹）或石頭，並不一定要用普通的石頭，你可以挑水晶或是很漂亮的石頭來用。在房間裡加重量可以加強你安定的力量，不會四處漂流，如果你的的人生沒有「重量」，那你可能永遠沒有決心去達成你的人生目標。

五、　顏色：用顏色或色彩繽紛的裝飾品來調整風水很簡單，你可以用像彩虹七色或是大明六字真言「唵嘛呢叭彌吽」六色來調整，或是用五行「金木水火土」的五色也可以。

六、　動力：你平常喜歡看會動的東西嗎？那你可以試試用動力的「些子法」來調整你的房間，像是在房間裡加個噴泉或是迷你風車。

七、　火力：在中國傳統的婚禮上，我們會用鞭炮來象徵吉利，因為鞭炮象徵了火力、能量，可以讓運氣一飛沖天，像是如果你在「坎」位放炮竹的話，你的事業就可以扶搖直上。如果你不想用鞭炮的話，也可以用箭頭代替，把箭頭放在門檻上，象徵了「力量」。

八、　水力：我從小就很喜歡聽水聲，我覺得水可以讓人放鬆，感覺寧靜。你可以在房間裡加有「水力」的東西，如噴泉或迷你瀑布。

九、　其它：如果以上的調整法你都不喜歡，你也可以用其它的方法來調整你房間的風水，如簾、珠簾…等等。

第二章　風水原理

一、臥房、書房及爸爸媽媽的辦公桌

　　每個人都想要有一個最舒適的房間，而一個完美的房間有很多特點，其中最重要的就是「乾淨」和「整齊」。我知道大家都很懶得做家事，可是如果你想要一個順利的人生，你就得住在一個很整齊的房間裡。地板上不應該有散落的衣服或是書本，因為會讓房間裡的氣堵住，無法很順暢地流動。就像如果你是一隻蝴蝶，快樂地飛舞在一片花田中，突然在花田中央發現一大叢雜草，讓美麗的花田看起來又髒又亂，你會有什麼樣的感覺？氣被堵住，正是這種滋味。另外，每個房間都有一個「氣口」，也就是門，千萬不可以把氣口堵住，如果氣口被物品堵住，進出房間的氣就會非常地不順。

壁紙與花色

　　有想過幫你的房間漆個不同的顏色，或是貼新的壁紙嗎？在動工之前，有些事情對你會有些幫助。

　　如果你想要貼壁紙，最好挑選比較柔和的花紋或圖案，因為在風水學上，壁紙代表你的皮膚，所以千萬不要挑又粗糙又生硬的壁紙。如果想要漆房間，有一個要點－明亮的顏色比較好，如淺綠、綠色或藍色。淺綠色代表著春天和年輕，綠色代表著樹木花草，而藍色代表著湖和海洋。這些顏色都很好，因為它們都代表了年輕，有活力，有幹勁。

　　如果你的房間本來就有顏色，也沒關係，好比說粉紅色代表了愛情，紫色代表著錢財，只要記住不要挑暗淡無光的顏色就好了。如果你牆上有貼海報，也沒有關係，只是不要海報多到看不見牆壁的顏色就好了，因為這樣就像在你的皮膚上亂塗了一堆東西一樣。

採光

　　房間最好要有很明亮的燈，昏暗的房間會把你個人的氣也變得很昏沉。如果有燈炮燒壞了，記得要馬上換新的，因為那代表有不好的氣進入了你的房間、弄壞了燈泡、也弄暗了房間、更有可能傷害到你。

房間尺寸

　　如果你的房間很窄，窄到讓你覺得很不舒服或是有困在裡面的感覺，那你才應該做出世解。解法是在整個房間的整面牆上裝鏡子，只裝一面牆也不要緊。那鏡子有什麼幫助呢？鏡子會讓整個房間看起來比實際大很多，所以可以幫助消除你的不舒服感或是困住的感覺。

房間形狀

長方型或正方型是最理想的房間形狀，不規則狀的房間則不一定好，例如在下圖中的房間，缺了左右兩邊的房角，當你用八卦來看這樣的房間時，就是缺了艮卦和乾卦，代表缺了學識與貴人位。如果房間的主人正試著完成一個小組報告，那他可能會有找不到組員的問題；或是很認真讀書，但考試卻怎樣都拿不到好成績，純粹是運氣不好，而不是不努力。這時，房間的主人最好馬上做「出世解」，在兩個缺的角落（見圖示）的地方各加面鏡子，用鏡子的反射性把缺掉的艮位及乾位補足。

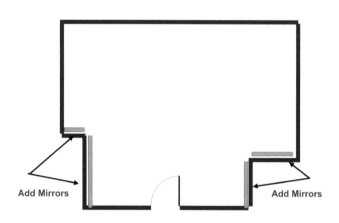

樑和柱

你是不是常常會頭痛呢？如果有的話，那很可能是家中天花板有樑的關係。樑會讓人感受到被壓迫的感覺，讓你的身體有被向下擠壓的感覺，壓得你喘不過氣來，但也躲避不了，它甚至會把你壓到有疼痛的感覺，每天早上起來就是昏昏沉沉的又痠又痛。

對於樑的解法是又容易又好玩的，方法就是用假花假葉或假藤蔓圍繞住那根樑，假花和假葉一定要栩栩如生、色彩繽紛的，最好是很真實的假花假葉或假藤蔓，讓人有以假亂真的感覺。

如果你的房間裡有柱子，那對你也很不好，因為他不止佔掉了不少空間，同時也堵住了你房間的氣。如果你想像一下，一股很強而有力的氣從氣口進入房間，突然撞到房裡的柱子，我想你也能瞭解那並不好受。

柱子的解法就是把柱子的四面都加上鏡子，如果你房間裡的是圓柱，加不了鏡子的話，就可以拿幅畫、假花、絲帶…等等，包住整個圓柱，讓圓柱看起來像是一件裝飾品的一部份，而不是本來會堵住氣的柱子。

二、床、書桌和爸爸媽媽的辦公室的擺設－上位

　　床、書桌和辦公桌的擺設有什麼重要的呢？或許你心裡正想要回答我「不重要啊」。但是其實是很重要的，你想想，你每天要花八個小時在床上睡覺，又可能要花八個小時在書桌上看書或辦公桌上做事，其餘八小時才在做別的事情，基本上超過一半的時間都花在睡眠、看書或辦公上面，那它們的擺設怎麼會不重要呢？所以我要告訴你，最理想的床、書桌或辦公桌的擺設方法：

　　1、你應該把床、書桌或辦公桌放在不必轉頭就可以一目瞭然整個房間的位置，像是把床擺在房間正中央就是一個很不好的擺法，因為看不到床後面的地方。如果你想要看到床的後面，你必須要轉頭才看得到，如果半夜突然有怪聲，那你也必須很不舒服地轉頭才能查看房間是否有異狀，久而久之你就會睡得很不安穩。

　　2、你應該把床、書桌或辦公桌放在一眼就能看到氣口的地方，也就是看得到門的位置，因為如果在看不到門的時侯，突然有人衝進你的房間，受到驚嚇的你很有可能會得心臟病！

　　3、你應該避免把床、書桌或辦公桌放置在正對著氣口的地方，也就是不能「沖」到門，因為當氣流進房間時，就像一條很洶湧的河流，很急很快地沖進房間裡，如果你正對著氣口，就像你把自己丟進河流裡，很快就會被河水沖走了。

　　以上三點就是如何把床、書桌或辦公桌擺在「房間上位」的要點。

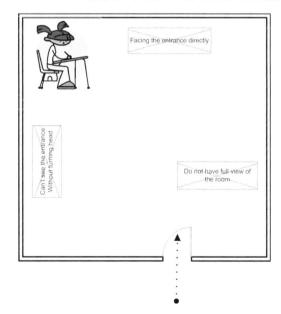
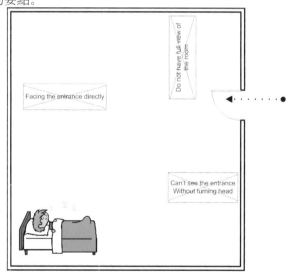

三、床的類型

你有想過什麼樣的床是最好的，或是最不好的嗎？

1、一般常見的彈簧床是好的，只是不要放廚具、餐具、錢或是鞋子在床下，尤其是鞋子，因為鞋的諧音是「邪」，除了做密法之外，最好是床下什麼都不要放。

2、床下如果有抽屜的話是沒有關係的，只是最好裡面只放衣物，避免放上面所列的那些物品。

3、壁床，也就是平時不用時藏在牆壁中，使用時再從牆上拉下來的床。這種床會造成睡在上面的人的不安全感和不安定感，如果你平常就睡這種床，那你在學校、公司的表現可能會很不穩定，甚至會每下愈況。但是，如果壁床給客人睡，則無妨。

4、沙發床最近越來越多人使用了，但並不代表它是一種好的床。時常睡沙發床的人也很容易會有不安全和不安穩的感覺，而且容易生病、感冒，因為沙發床多半是直接接觸地面的，代表睡的人會很容易沾到地面上的陰氣、死氣。解法很簡單，只要在床墊和地面中間，拿一塊和床一樣大的紅布，把床和地面隔開就可以了。

5、水床，很多人覺得又舒服又有趣，但是在風水上可不是這樣，常睡水床的人容易生病，因為水床的濕氣比較重，也容易對脊椎產生不好的影響，更會造成睡的人缺乏自信或人生找不到目標。但是，水床有一個優點，如果你有朋友、同學太過度自傲或是剛愎自用，你可以建議他或她改睡水床。

6、上下舖，如果你有兄弟姐妹或是住在宿舍的話，上下舖的床的確很便利，但是它在風水上是不佳的。通常上下舖的床是設計給兩個人使用的，但是在你下次跟朋友或同學搶著睡上舖之前，有些事情你得注意：睡上舖的人容易有不安穩的感覺，雖然有床的支撐，但依舊像睡在空氣上，無依無靠，這樣睡久了，不安穩和無依無靠的感覺就會讓身體越來越差。雖然讀者你可能還是小孩子，但也應當注意睡在上舖將會影響到你的事業，也可能造成很多令人倍感壓力的困擾；還有，你的財運可能也會不好，所以不用浪費錢買樂透或彩卷了。那如果睡下舖呢？因為睡下舖的人，頭頂上擋著一張床，所以很難提昇自己的「氣」，更由於頭上的氣

被擋住，很多事情也會因此被擋住，無法解決。如果你是一個人睡這種上下舖的床，你應該要選下舖，因為下舖造成的問題比上舖來的少，現在，就讓我告訴你有關上下舖的床的解法：

上舖的解法：在支撐上舖的四根床柱上綁著紅色、紫色或粉紅色的人工假花，假以亂真的最好，但切忌用黃色或白色的花，如果你不喜歡花的話，則可以在上舖的床墊下面放一張和床一樣大的紅布便可。如果你覺得睡在上舖，感覺離天花板太近，可以在床上方的天花板上，安置鏡子或是有鏡子反射功能的貼片，如果你不喜歡天花板上貼著一面鏡子的感覺，也可以在整個天花板上貼鏡子，效果相同。

下舖的解法：在上舖的底部貼鏡子或類似鏡子材質的貼\片，可以提昇睡的人的氣。

另外有一種上下舖的床：

這樣子的床是最壞的，解法是在四根床柱上用紅線各綁

一根籬，籬除了有支撐床的效果外，同時也像一隻寶劍一樣，可以驅邪避凶。

床的注意事項：

１、頭的後方一定要有床頭板，而且床頭板要很牢固，不能搖搖晃晃，給人不安穩的感覺，一定要靠到牆或其它可以支撐的東西。然後，床的任何一邊一定要靠到牆，如果床的四面都沒靠到牆壁的話，睡的人會覺得四方落空，無依無靠的。

２、如果你有認識一些在學業或事業上想要有衝勁的人、有突破的人，你可以建議他把床以「暗藏八卦」的方式，斜擺在房間裡最能掌控整個房間的角落，這樣這位朋友以後就能夠得到很高的權力或地位，像是公司的 CEO 或是領導者的位子。

３、還是要重申一次很重要的觀念：床下不可以放錢財、廚具、餐具，更不可以放鞋子！

４、如果床的四週有欄杆，那睡的人很有可能會有牢獄之災，不過在讀者你的年紀，這應該不是個大問題，只是如果你的床有欄杆的話，還是把它拿掉的好。

同時，也記得看看你爸爸媽媽的床有沒有放在最好的位置喔！

第三章　中國民俗

一、更快更有效率地讀書

敲頭醒腦法

　　你最近會不會覺得頭昏腦脹的呢？你可以試試用你十指的指甲，輕輕地敲打你的頭皮，如果敲到頭部覺得疼痛的地方，你就繼續敲打那個位置，直到你覺得頭腦清醒為止。

日月光華鏡密法

　　那如果怎麼打都不清醒，怎麼辦呢？你可以用「日月光華鏡」的密法。

　　首先，你要拿一個兩面都是鏡子的圓型小雙面鏡，將其中一面放在太陽底下曬廿四小時，然後把另外一面放在月光底下照廿四小時，如果怕搞混，可以在其中一面鏡子上點個小點做記號。當兩面都曬完照完後，「日月光華鏡」就完成了，把它放在你的枕頭底下，然後買一個全新的純白色手帕，每天起床後和上床睡覺前，擦拭九遍，這樣連做廿七天。當你在擦拭日月光華鏡時，並口唸大明六字真言「唵嘛呢叭彌吽」九遍，觀想你越變越聰明，學校成績變好了，頭腦就像明亮的鏡子一樣清楚明白。

九日密法

　　要大考了？沒問題，我有解法可以教你。你只需要一隻全新的黑筆、一條全新的純白色手帕和日月光華鏡。首先，把手帕折成 3Ｘ3 的九小格，打開手帕後，深吸一口氣，用一口氣的時間在每一小格裡寫上「日」字。「日

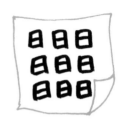

」代表太陽，所以當你寫這九個日字的時侯，要觀想你會順利考好考過。寫好後，把寫著九個「日」字的手帕和日月光華鏡都放在你的枕頭底下，每天起床後和睡覺前，都拿這條手帕擦拭日月光華鏡九次，連做九天。到了考試當天，別忘了把寫好九個「日」字的手帕帶在身上。

翻書記憶密法

如果你還是不會做的話，怎麼辦？沒關係，拿出你要考的課本，翻到任何一頁，把這一頁讀熟，每天這樣做九次，連做廿七天，這樣當你要考試時，就會收到意想不到的特殊效用。當然，別忘了九個「日」字和這個密法是可以同時做的。

以上都是很神秘、很有效的密法，但是千萬別忘了，自助天助，讀書最重要的還是靠努力、勤奮，只有在你自己很努力的情況下，密法才會有效力！

二、五行

五行是什麼？

　　你一定有聽過所謂的「四大元素」－風、水、火、地。但是在風水學上，我們相信「五行」，也就是金、木、水、火、土。或許你覺得這只是迷信，可是在我們生活週遭充滿著這些「五行」，甚至，連我們身體裡都充滿著「五行」，有些人可能少了些「木」，或多了些「土」，或是剛剛好。那，這「五行」代表著什麼意義呢？

　　「金」代表正義；
　　「木」代表慈悲和同情心；
　　「水」代表智慧；
　　「火」代表禮儀、講公理；
　　「土」代表信用。

金：一個人如果有太多的金，代表他會不停地說話，說話前不經大腦；如果金太少的話，一個人可能講話很小聲，或是想說的話都卡在喉嚨說不出來；金正好的人，講話得體、大方，而且講話一定都會經過大腦。金多的人，則老是滔滔不絕，可是言多必失。

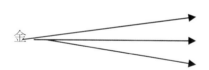

金　　　金少：難以相處
　　　　　金正好：見義勇為，講話恰到其份
　　　　　金多：話多又好管閒事，永遠覺得自己是對的

木：如果一個人的木太多，他一定是個很固執、不知變通的人；如果木太少，則是會沒有主見、人云亦云；木正好的人，有主見但是不流於頑固，同不同意都會先經過大腦才做決定。

木　　　木少：隨和，但人云亦云
　　　　　木正好：有主見，也能客觀地做決定
　　　　　木多：固執己見

水：每個人都有兩種不同的「水」：死水和活水，死水代表著智慧、判斷力、審判力、認識力，活水代表社會上的接觸面或活動的遠近。死水有分古井水、池水、塘水和潭水，分別代表多或寡的智慧和判斷力。活水也有分山澗水、泉水、溪水、河水和汪洋大海，也代表著一個人在社會上的活動頻繁和社交圈。

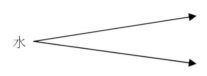

死水：分古井水、池水、塘水、潭水，代表智慧、判斷力、審判力

活水：分山澗水、泉水、溪水、河水、汪洋大海，代表社交圈

火：如果你的火太少，就比較能容忍別人對你的抱怨或批評；如果太多的話，則相反，容易對於別人對你的任何意見發怒，脾氣很不好，就像「刺蝟型」氣的人一樣。不過如果你是火正好的人，你能夠有主見，又不容易生氣，能夠告訴別人什麼時侯要適可而止。

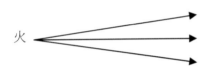

火少：忍耐力強，但忍太多後會變暗火，會自焚

火正好：據理力爭

火多：易怒、脾氣差！

土：如果你的土太少，那你一定是個很自私的人，有機會幫助別人也會置之不理；相反地，如果你的土太多，就很容易犧牲自己，有火柴精神照亮別人，不惜傷害自己也要幫助別人。土正的人，則會推誠相見，人我兼顧。

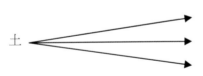

土少：過份自私與自我保護

土正好：人我兼顧

土多：犧牲自己，成全他人

如何調整五行

如果你發現你的「五行」裡有太多或太少的情況，該怎麼辦呢？

要調整「金」的話，在枕頭或床墊下放一只非金屬材質的戒指，連睡九天，然後把它戴在自己的中指上，男左女右，所以男生要戴左手中指，女生要戴右手中指。但是，如果要更強的效果的話，男生則戴在右手中指，女生戴在左手中指。

如果要調整「木」，可以在家中的臥房門口、客廳入口和大門入口，各放三盆植物，記得植物要是生氣蓬勃的。

　　如果要調整「死水」，可以做我們上面教過的「日月光華鏡」密法，連做九天。那如果要調整「活水」的話，就每天打電話、寫信或 E-mail 給九個人，連做九天或廿七天，但記得聯絡內容裡面不可以有要求或是其它的企圖。

　　如果要調整「火」，就做像解「刺蝟型」的氣的解法－吐納術，深吸呼一口氣，然後分九小口氣吐出，最後第九口要長吐，把氣吐盡為止，連做九口算一次，每天早中晚各做一次，連做九天或廿七天便可。

　　如果要調整「土」，可以拿一個口小肚大的盂，在裡面放九粒小石頭，然後在裡面加水加到七分滿，每天要拿出去見一下天和換盂裡的水，這樣連做九天或廿七天便可。

三、動物

　　每個小朋友都喜歡動物，不是嗎？可是你知道有些動物對家裡是不好的嗎？我的乾爹林雲大師有說過，動物也算是家中風水應考慮的一部份，所以接下來我會講一些日常生活中常見的動物。

　　狗和貓，一般來說是好的，不過狗比貓要來得忠心，不過要避免養全身黑但四隻腳白色的貓，也要避免金黃色的瘦狗。如果家中有人生肖屬狗，那就要避免家中養狗，否則兩隻狗很容易造成家中有「哭」泣聲，也就是悲傷或喪事。養三隻狗，家人又多不成器，因為「器」是四隻狗。

　　魚，不會對家裡的風水造成問題，而且最好的養法是魚缸裡有八條紅色或金色的魚配上一條全黑色的魚。魚游在水中，給人有自由自在的樂趣。

　　鳥，是吉祥的，我們從牠們悅耳的聲音就知道了。但是，如果養貓頭鷹，甚至只是看到貓頭鷹，都是不吉利的。最好的鳥類是可以模仿人類聲音的鳥：如鸚鵡。如果你人在外面玩，見到了一隻烏鴉，這是很不吉利的；但是如果你能見到一隻全身通紅的鳥，像是紅鶯，則是非常吉利、有福氣的。

　　昆蟲，因為會嚇到很多人，所以牠們是屬於不好的，要避免飼養昆蟲當寵物。

　　天竺鼠或其它鼠類的話，我們中文有一個詞叫「鼠輩」，代表行搶或做不正當事情的人，如果你在家養了一個「鼠輩」，還每天餵牠照顧牠，在不久之後你可能就真的會被搶。

　　烏龜是很吉祥的寵物，因為牠的壽命很長，有長壽的意思。

　　如果你在路上看到鹿，則是非常有福氣的一件事，因為鹿是很溫馴、很慈悲的動物。不過如果是看到死在路上的鹿，則是另一回事了。

四、十二生肖

認識中國文化中的十二生肖非常重要，十二生肖分別為鼠、牛、虎、兔、龍、蛇、馬、羊、猴、雞、狗、豬，每一年都依序有不同的代表生肖，例如今年是豬年，那明年就會是鼠年，十二年為一週期。你的出生年份決定了你的生肖，像我生於西元 1994 年，所以我生肖屬狗。

真的有所謂的「絕配」嗎？像是夫妻、男女朋友、朋友、同事、上司下屬等。現在就讓我用十二生肖來告訴你。

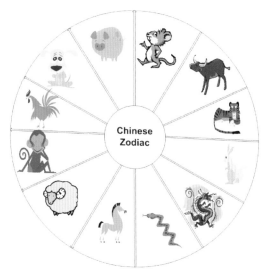

最合的組合：

　　鼠和牛

　　虎和豬

　　狗和兔

　　雞和龍

　　猴和蛇

　　馬和羊

最不合的組合：

　　鼠和羊

　　牛和馬

　　虎和蛇

　　兔和龍

　　狗和雞

　　猴和豬

要記住，最好或最糟的組合並不是絕對的，還是要看個人的努力和機緣。

對於不合的組合，最簡單的解法就是用「十二生肖」的塑像，材質不拘，放在你想調整的卦

　　位。像是你和你的家人爭吵或失和，你就可以把「十二生肖」掛在你家裡代表家庭的「震位」；如果你的爸爸媽媽與上司或同事失合，那就可以把「十二生肖」掛在家裡或辦公室裡的，代表貴人的「乾位」。

　　如果你的爸爸媽媽在事業上有爭執或衝突，我還知道另一個解法：要簽合約的時侯，先用左手簽名，再用右手描一次，觀想有五位守護神（五雷）或五位你所信仰的宗教裡的神祇保護著你，另外，當你要把合約給對方時，絕對不要直接交給對方，可以經由第三者的手，或是放在桌上給對方。

　　如果你想要每年都平平安安、順順利利的，那你可以找一個與該年最合的生肖佩戴，像今年是豬年，你就可以在身上放一個老虎的裝飾品，像項鍊或墜子，但是記得一定要佩戴在身上才能帶來好運。

五、自然景象及寓意

到底自然現象有什麼意義，是不是下雨就代表了天神在哭泣，下雪就是天神在抓頭皮屑，而火山爆發就是火神佩里在忿怒？讓我來告訴你吧。

日月同天

「日月同天」是很不尋常的現象，以科學的角度來說，太陽和月亮是同時存在的，只是太陽的亮度把月亮蓋過了，但其實月亮一直都在天上。當你見到日月同天時，你會變聰明、成績會進步、甚至靈力也能變強。我教你一個密法，當你見到日月同天的那一秒，觀想有光照射進了你的房間、書房、或是你生病或不順的朋友的身上。這個觀想可以帶給你意想不到的福氣和好運，不過記得你只有一秒的時間觀想一個願望。

冰雹

當我們提到「冰雹」的時侯，你可能會很高興地想到今天又可以不用上學了，但是在風水上，如果你被冰雹打到，尤其是打到頭的話，是極為不吉利的事，厄運將降臨在你或你家人的身上。那解法呢？當然，下冰雹的時侯，不要出門！但是如果非得出門，而且還被冰雹打到的話，趕快拿九片圓型的橘子皮泡澡，把全身，包括頭髮、臉，都洗乾淨，以驅霉運。

雲彩

想像你正在欣賞日落，你看到了五顏六色的雲，有粉紅色的、紫色的、橙色的、甚至紅色的，這就是所謂的「七彩祥雲」，是非常吉祥、好運的。如果在七彩祥雲中，你還看到了一些祥獸的形狀，像龍、馬等吉祥的動物，那你應該要馬上深吸一口氣，吸到不能吸為止，然後吐氣的時侯口唸「阿彌陀佛」，連做十次。

彩虹

你在雨後的天空上看到了彩虹，是什麼意思呢？在風水學上，彩虹的方位有著不同的意義：

西方：你的子女會光宗耀祖，不過，讀者你應該還沒有小孩，所以先記下來就好。

南方：你會有加薪升遷的機會，或是你會有成名的機會，不過，就像南方一樣，你可能要再長大一點才能用到。

北方：這對我們小孩子來說最棒了！這代表我們未來事業的夢想將會成真，當然，你還是得努力才行。

東南方：我們小孩子也會想要賺大錢吧，如果見到彩虹在東南方出現的話，代表財運大增。不過你現在可能還不能賺錢，所以可能等你長大後才能體會到這個福氣。

西南方：代表著戀愛運，不過當然，很可能也得等到你長大了才有用。

西北方：代表著貴人，尤其是在你旅遊、遠行時，不過到你長大了後可能更有意義。

東北方：代表著智慧，不過雖然你的智慧增長了，你也得繼續努力、精進才行。如果你長大後看到東北方的彩虹，它也同時代表了你的社會地位得以提昇。

地震

　　突然間你聽到「轟隆轟隆」的聲音……是地震！地震理所當然地代表了不好的事情，它代表你們家的運氣會走下坡，像是父母會離異或是家庭秩序會混亂。

六、膽小、害怕的解法

五雷護身咒

有一天，你父母都出門了，你一個人深夜在家裡，躺在床上試著要睡覺，突然間你聽到了一個怪聲音，你被嚇得心跳越來越快；又或許你晚上要從朋友家回家，你覺得你好像看到了一個黑影，或是你覺得好像有人在跟蹤你，你嚇得驚慌失措，不知該怎麼辦才好。放心，我來教你怎麼把心靜下來，不再恐懼。

首先，先把自己放輕鬆，等到你的心跳慢慢回到正常後，觀想你的身邊圍繞著五位守護神以及上師，信別的宗教的人，可用你們最高神祇，如耶穌、上帝、天主、阿拉…等代表老君,如果你沒有上師的話，你可以觀想林雲大

師是你的上師，然後唸「五雷咒」：

五雷五雷，步步相隨，
身穿鎧甲，頭戴金盔，
吾奉太上老君急急如律令。

另外的情況，如果你在學校遇到了愛欺負人的同學，想

揍你或傷害你，趕緊抓你的頭皮九次（或九的倍數，像十八次、廿七次…等），在你抓頭皮的時侯，觀想有五雷守護神很迅速地趕來保護你。

如果你的父母、親戚或其他長輩需要去法院出庭或搭機遠行或參與爭

辯的會議，亦可用「五雷咒」，可以幫助他們保平安或是凱旋歸來。

驅逐性手印

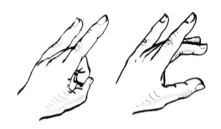

　　如果你在晚上的時侯，跟你同學走在街上，經過了一座墓地或是墳場，怎麼辦？首先，你要先用「驅逐性手印」，也就是用你的大姆指壓住中指和無名指，食指和小指伸直向外，然後放開大姆指，把中指和無名指「彈」出去，這就是「驅逐性手印」。當你經過墓地或墳場時，用「驅逐性手印」彈九或廿七次，每彈一次都唸一次大明六字真言「唵嘛呢叭彌吽」，就可以保平安了。

　　如果你在路上看到被車撞死的動物屍體，你應當趕緊用「驅逐性手印」。

七、站姿、坐姿及長高術

海底撈魚術

當媽媽叫你「坐正，挺直」的時侯，你會不會覺得你是在向她鞠躬致敬，不過，正確的姿勢非常地重要，沒有人會想長大後駝背吧。

想要練習站姿的時侯，雙腳與肩齊寬，然後用十隻腳趾頭抓地，微微地向前傾，把重心放在腳尖，縮小腹並把後背打直，把手像你想要拿前方的東西一樣伸直，然後換手，記得你要伸得越遠越好。當你這樣做的時侯，觀想你的脊椎拉直了。左手伸完換右手，這樣算一次，連做九次，每天都做一次，連做廿七天。

向天撈月術

如果你想要長高，就把你的手從向前伸改為向上伸，像是你要去拿你拿不到的東西一樣地伸高，在你伸的時侯，你的關節和骨骼隨著你伸展的骨頭抖動。這樣做九次，也是每天都做一次，連做廿七天。

Printed in the United States
95925LV00002BC